« J'ai aimé un pervers »

Groupe Eyrolles
61, bd Saint-Germain
75240 Paris cedex 05

www.editions-eyrolles.com

Avec la collaboration de Cécile Potel

© Groupe Eyrolles, 2012
ISBN : 978-2-212-55346-8

Histoires de vie

Mathilde Cartel, Carole Richard, Amélie Rousset

« J'ai aimé un pervers »

EYROLLES

Je tiens à remercier chaleureusement ma mère, ma sœur, ma grand-mère maternelle et toute ma famille, mes amis et mes collègues… et bien sûr mon compagnon.

Je n'oublie pas non plus les personnes rencontrées dans diverses associations telles que le CEDIFF « Centre d'information sur les droits des femmes et des familles », l'ADAVEM « Association départementale d'aide aux victimes et de médiation », l'APIAF « Association pour la promotion de l'initiative autonome des femmes », Enfance et Partage ainsi que les médecins, les psychologues, les psychiatres, pédopsychiatres et assistantes sociales.

À mes enfants,
Mathilde Cartel

Merci à ma famille.

Merci à mes amis, et à Laurence Bachman.

Merci à mon avocate, mon assistante, ma coiffeuse,
mes collègues, mes patients, mon médecin et
tous ceux que j'aurai oublié de nommer qui ont su m'accompagner et
m'aider à choisir les pierres de mon nouvel édifice.

Carole Richard

Je souhaite avant tout remercier ma famille pour leur immuable
soutien à travers vents et marées et pour avoir toujours cru en moi.
Je remercie les nombreux amis, collègues et voisins qui ont fait
rempart autour de moi et m'ont spontanément tendu la main.
Merci aussi à tous ceux qui ont jalonné les étapes décisives
de mon parcours et m'ont patiemment aidée à me reconstruire.
Enfin, merci à mon compagnon pour m'avoir apporté
des tranches de soleil et fait retrouver le goût d'aimer.

Amélie Rousset

Remerciements

Nous tenons à remercier Isabelle Nazare-Aga pour nous avoir lancé une corde, une torche et des crampons, nous permettant ainsi de nous hisser hors de notre puits insalubre et de retrouver l'air libre et la lumière. Nous la remercions également pour son excellente préface.

Nous remercions notre éditrice Stéphanie Ricordel du fond du cœur pour avoir accueilli notre ouvrage à bras ouverts et pour nous avoir offert cette occasion inestimable de nous exprimer.

Nos sincères remerciements à Cécile Potel pour avoir été à notre écoute, pour avoir accompagné notre travail avec patience et respect et pour nous avoir guidées avec beaucoup de délicatesse.

Nous remercions enfin Nicole pour nous avoir si chaleureusement accueillies, pour sa générosité, sa gentillesse et son sourire qui a si bien su nous réchauffer l'âme.

Mathilde Cartel, Carole Richard, Amélie Rousset

Préface
d'Isabelle Nazare-Aga

Trois femmes. Trois lieux. Trois histoires. Et pourtant, sans se connaître, elles vivent le même drame de la violence conjugale. Cette violence domestique que l'on commence à peine à décrire, celle que des professionnels comme moi osent dénoncer depuis les années 1990, celle que les victimes elles-mêmes n'osent pas s'avouer et révéler à leurs proches... Pire, elles n'osent même pas croire que cela puisse leur arriver un jour... Or, c'est arrivé. Doucement. Lentement. Gravement. Désespérément...

La violence en amour, comment est-ce possible ? Comment peut-on imaginer que cela nous arrive à nous ? Ne faut-il pas être au moins un peu masochiste pour se faire si maltraiter au sein de son propre couple ? Voilà une croyance populaire très loin de la réalité psychique des individus, hommes ou femmes, qui subissent l'amour fou, un « fou » en amour, faudrait-il dire ; un amour tueur mais surtout un tueur d'... amour. Il faudra plusieurs années à ces trois femmes pour réaliser qu'elles ne recevaient pas d'amour. Elles ont été séduites et sont tombées amoureuses. Mais de l'autre côté, il y avait un besoin d'exister, un attachement, jamais il ne s'est agi d'Amour !

Force est de constater qu'il est en réalité question de possession et d'un processus de destruction lent et imperceptible au début. Rien ne semble indiquer que nous sommes en enfer ; ni la victime elle-même ni les proches du couple. Seuls certains auront l'intuition que « quelque chose ne va pas » chez cet individu. Or, le manipulateur tentera toujours de montrer une image sociale de lui-même la plus parfaite possible. Qui peut donc deviner que ce personnage si agréable en société (en général) est un bourreau pour son conjoint ? Pourtant, il peut y avoir des indices. Assez tôt même dans la relation. Des indices du besoin de dominer, de décider seul, d'influencer, de ne pas prendre en compte le besoin de celle (ou celui) qu'on dit aimer… Tout en soufflant le chaud et le froid. Ce qui est un très bon moyen de créer la confusion mentale !

Ces trois femmes (Carole, Mathilde et Amélie) nous révèlent tout ou presque ; tout ce qui est essentiel à reconnaître le plus tôt possible dans une histoire d'amour qui dérive salement. *A posteriori*, elles ont compris. Elles ont découvert ce qui les avait « accrochées » dès le début de leur relation. Elles ont également découvert ce qui les avait fait rester si longtemps dans ce lien de non-amour. L'intérêt de ce livre est de vous faire partager cette découverte, de l'intérieur. Il est à peine croyable de constater à quel point la dérive est stéréotypée ! Un manipulateur, car il s'agit de cela, est stéréotypé. Il a déjà été « repéré » en psychiatrie sous le terme de « personnalité narcissique » (les psychanalystes utilisent la dénomination « pervers narcissique »). Autrement dit, il s'agit d'un vrai trouble de la personnalité ! Pas un problème de « caractère », non. De personnalité !

Nous ne savons pas soigner cette pathologie à l'heure actuelle. Ni la soigner ni la guérir. Nous en avons quelques idées dont aucune n'a encore fait ses preuves. Donc, scientifiquement, on attend... On cherche... peut-être. Sûrement devrons-nous attendre encore longtemps car nul manipulateur ne consulte sérieusement un psychologue ou un psychiatre ! Pourquoi le ferait-il puisqu'il se sait parfait et qu'il méprise ceux qui pourraient en savoir plus que lui...

Que le lecteur ne se méprenne pas : il n'y a pas que des hommes manipulateurs. Les femmes ne sont pas en reste. Elles sont probablement aussi nombreuses d'ailleurs. Dans cet ouvrage, nous avons le témoignage de trois femmes. Elles osent ici parler sincèrement de ce qui leur est arrivé et ont voulu que leur histoire soit publiée. Nous serions heureux que des hommes en fassent autant...

Publier ce récit est une démarche d'utilité publique. L'urgence de ces femmes à raconter depuis le début leur histoire d'amour jusqu'au moment où elles en sont sorties se justifie par leur désir d'alerter toutes celles, et tous ceux, qui trouveraient des points communs avec leurs vécus.

Toutes les anecdotes narrées dans ce remarquable ouvrage collectif ont une énorme importance. Le manipulateur agit par petites touches pour détruire psychiquement son conjoint. Chaque détail prend son sens après coup.

Ces histoires se lisent comme un roman. Mais rien n'est romancé... Les auteures nous emmènent totalement dans leur vie. On ne s'y ennuie pas, bien qu'elles décrivent le quotidien. Vivre avec un manipulateur rend impossible la routine paisible et heureuse. Un manipulateur ne se suffit pas de l'amour de l'autre. Il le détruit. Il ne cherche que le conflit pour exister, se sentir puissant. Dévaloriser, culpabiliser, maîtriser, manipuler l'autre semble être son seul moyen pour prendre une place dans ce monde. Il n'est donc jamais possible d'être heureux en amour avec un manipulateur. Ces trois femmes en ont fait l'horrible expérience...

À vous de ne pas tomber dans le piège. Voilà ce qu'elles veulent vous dire. Non, vous crier !

Isabelle Nazare-Aga

Auteure de *Les manipulateurs sont parmi nous* et de *Les manipulateurs et l'amour* aux Éditions de l'Homme, Montréal, Québec, Canada.

Introduction

Cela fait presque quatre ans maintenant que nous nous sommes rencontrées, toutes les trois. Paris sent bon le muguet en ce premier mai 2006, toutefois aucune de nous n'a le cœur à célébrer le printemps. Nous sommes rassemblées en cercle dans une salle à l'éclairage neutre, avec six autres femmes venues comme nous trouver une raison à leur abattement, à l'occasion de ce séminaire sur la manipulation dans le couple et au travail. Une thérapeute comportementaliste-cognitiviste nous fait face, celle que nous sommes venues voir après avoir lu ses ouvrages. Nous sommes perdues, comme floues, pourtant nous comprenons qu'il est temps de mettre un terme à cet épuisement que nous ressentons toutes, qu'il est temps aussi de retrouver un équilibre, quel qu'en soit le prix. De ce séminaire, nous attendons une confirmation de ce que nous avons découvert au fil de nos lectures : ce que nous vivons dans nos couples respectifs n'est pas normal, nous sommes probablement mariées à des hommes manipulateurs pervers.

À tour de rôle, nous sommes amenées à nous présenter. Les premiers mots sont difficiles, il faut tellement prendre sur soi pour se tenir droite, pour articuler quelques mots, même mécaniquement. Peu à peu, cependant, la confiance s'installe, la parole se libère, les fardeaux s'allègent. À s'écouter les unes les autres, nous prenons conscience d'étranges points communs, qui nous réunissent jusque dans des détails apparemment insignifiants. Nous nous découvrons toutes entières, naïves, peu sûres de nous, à la fois fières et vulnérables. Et puis tellement soucieuses d'être *quelqu'un de bien*. Quelqu'un que l'on accepte, que l'on aide à grandir, quelqu'un que l'on aime, infiniment. Toutes trois capables de donner sans fin, sans question, sans retenue, même quand nous ne recevons rien en retour. Capables de partager la souffrance de l'autre, capables de s'effacer pour son bien-être.

La confirmation tant attendue est avérée. Ce séminaire sera le point de départ d'une prise de conscience aussi douloureuse que nécessaire : nos caractères si semblables ont été la source même de notre détresse. Comme si nos époux et nous-mêmes étions pile et face d'une même faille, positif et négatif d'une même fêlure, les unes donnant et les autres prenant, rendant l'équilibre et l'équité impossibles. Nous avons cherché obscurément pendant des mois, des années, les raisons de notre mal-être et du comportement de l'homme avec lequel nous vivions, celui avec lequel nous avions construit notre vie. Nous avons toutes cherché de l'aide chez des spécialistes, essayant de trouver des moyens de faire cesser les critiques, les attaques incessantes de nos maris, nous remettant sans cesse en question. Nous avons toutes cherché à composer au mieux avec les exigences, les restrictions quotidiennes imposées par nos compagnons de route, à comprendre ce qui suscitait chez eux les violences et les humiliations qu'ils nous infligeaient et que nous endurions.

Aujourd'hui nous avons réalisé qu'ils ne changeraient pas, qu'il ne sert plus à rien de continuer à nous battre contre des moulins à vent. La seule façon de nous protéger a été de reprendre le contrôle de nos vies, parce qu'à trop vouloir donner, sauver, embellir, nous nous sommes oubliées, nourrissant de nombreuses années une relation bien éloignée de celle dont nous rêvions. Écrire notre parcours a eu sur nous trois un effet thérapeutique. Chacune d'entre nous a ainsi pu revenir sur son histoire, la regardant d'un œil différent. Cette mise à distance a été une étape déterminante dans notre vie, elle a contribué à dissiper nos derniers doutes, nous a donné l'élan nécessaire pour engager une procédure de divorce salutaire et amorcer ainsi notre reconstruction. En publiant cet ouvrage, nous avons voulu donner l'opportunité à notre entourage et à nos enfants de nous comprendre. Nous espérons aussi que notre témoignage à trois voix permettra d'aider d'autres femmes et d'autres hommes, d'éclairer peut-être leur chemin, de leur faire savoir qu'il est possible de s'en sortir et, même, de retrouver une certaine sérénité en étant à l'écoute de ses propres désirs.

Comme un aimant

Mathilde

Du haut de mes dix-sept ans, je suis une jeune fille sage et souriante, à la silhouette élancée et aux longs cheveux bouclés. Je m'apprête à passer le bac de français mais je pense avec enthousiasme à mes vacances d'été. Nous avons décidé avec mon amie Nathalie de passer notre BAFA[1] pour travailler comme animatrices de jeunes enfants l'été suivant. Gaies et insouciantes, nous sommes ouvertes à tout ce que la vie peut nous offrir. Nous adorons la nature et nous décidons donc de faire un stage dans le massif du Vercors. Nous sommes une cinquantaine de jeunes et pour faire connaissance nous devons former des groupes pour des activités de potaches.

C'est là que je le rencontre. Lui va bientôt avoir vingt et un ans et fréquente la faculté de sciences à Grenoble. Parmi tous ces jeunes, physiquement, ce garçon ne me plaît pas particulièrement : je le trouve même laid. Il est mince, pas très grand et la peau marquée par des cicatrices d'acné. Son visage est fermé et exprime une certaine souffrance. Pourtant, très rapidement je me sens attirée par lui. Frédéric m'inspire confiance.

© Groupe Eyrolles

---

1. BAFA : brevet d'aptitude aux fonctions d'animateur.

Nous sommes tous rassemblés dans une grande salle et nous nous soumettons à divers jeux : chanter des chansons, répondre à des questions de culture générale, reconstituer un Rubik's Cube le plus rapidement possible. Frédéric choisit une chanson de Jacques Brel, *La chanson des vieux amants*. Bien qu'il la chante faux, son choix me séduit. J'aime tant la poésie de ce texte. Et il se montre incollable sur toutes les questions de culture générale. De plus, il fait un stage d'astronomie, cela m'impressionne. Il me semble que je suis en face de quelqu'un de brillant, qui a déjà beaucoup vécu.

Au moment du dîner, il s'installe à mes côtés et me confie qu'il vient de vivre un chagrin d'amour, une rupture douloureuse après deux ans de vie commune. J'éprouve beaucoup d'empathie à son égard. Moi aussi j'ai vécu une expérience douloureuse : mon premier flirt s'est tué dans un accident de la route six mois auparavant. Ce décès m'a bouleversée et je me pose beaucoup de questions existentielles. J'ai certes un tempérament enthousiaste et gai, mais je me sens si fragile.

J'ai l'impression que Frédéric me comprend. Il est différent des autres garçons et se distingue vraiment de ceux que j'ai pu rencontrer jusqu'alors. Il a un côté mystérieux et il parle peu. J'ai le sentiment qu'il ne doute de rien. Il semble être si sûr de lui et avoir une si solide estime de lui-même que je désire vraiment le connaître.

À l'issue de notre stage de formation pour animateurs, il me donne ses coordonnées et à peine suis-je rentrée chez mes parents que trois longues lettres de lui m'attendent déjà. Je commence à m'attacher à lui. Ainsi, pendant deux ans, nous échangeons des lettres d'amitié. Frédéric devient mon confident, mon meilleur ami, je lui livre toutes mes pensées. Il me fascine et m'attire comme un aimant. Je reçois des dizaines et des dizaines de lettres, trois missives par semaine environ, dans lesquelles il m'écrit des propos philosophiques et tourmentés, confus pour moi. Cependant il manie la langue française avec tellement de brio que j'en suis admirative. Je ne comprends pas toujours les mots compliqués qu'il emploie. Il me fait l'impression de quelqu'un de très instruit, cultivé, qui a des idées sur tout et arrive toujours à retomber sur ses pieds. Et surtout il me rappelle sans cesse que, grâce à moi, il a retrouvé le goût de vivre, l'envie d'aller de l'avant. Je suis celle qui le ramène à la vie, je suis sa Mère Teresa. Je me sens bien, utile à cet être en détresse, ce rôle me remplit.

Rapidement, il se montre insistant et il souhaite me revoir. Pourtant, à ce moment-là, je n'envisage pas d'avoir une aventure avec lui. J'ai des rêves plein la tête et je croque la vie à pleines dents. Même si je suis une jeune fille sage, je n'ai pas envie de trop de sérieux, et je veux m'amuser, être libre. J'ai beaucoup de temps devant moi pour penser sérieusement aux garçons. Pour plus tard, je rêve bien modestement de construire un foyer heureux, avec cinq enfants, dans une grande maison à la campagne.

Pourtant, même si je ne me sens pas amoureuse, ma fascination est réelle. Frédéric me fait tant de peine quand il me parle de son passé. Il a l'air d'avoir tellement souffert. C'est qu'il est fils unique et très tôt ses parents l'ont laissé se débrouiller tout seul. Dès l'âge de cinq ans, il a un teckel, Fripon, qui va l'accompagner partout dans ses longues promenades solitaires. Il n'a pas d'amis et semble être seul au monde. Dans ses rares confidences, Frédéric m'avoue qu'il a le sentiment de ne pas avoir reçu d'affection de la part de ses parents. Sa mère, quoique très présente, n'est pas vraiment maternelle.

Son histoire me touche, je me suis attachée à lui et suis naturellement disposée à lui apporter, de tout mon cœur, l'affection dont il a manqué.

Amélie

C'est l'été. La jeune étudiante de dix-huit ans que je suis se trouve en vacances en Irlande dans le Wexford chez la famille Elliott, à la campagne, près de la mer. Tout y est : les collines verdoyantes, les vaches, les cochons, les ânes, la basse-cour, les chevaux. Mes grands yeux bleus s'écarquillent devant ce cadre de vie dont j'ai rêvé toute mon enfance. Je suis transportée dans un autre monde où l'on rend visite aux voisins à cheval : on attache sa monture près de la maison, on entre s'asseoir devant une théière brûlante et un gâteau au chocolat tout juste sorti du four.

Et surtout je suis en train de vivre une idylle avec un certain Piers, en vacances chez sa tante Elsa, voisine des Elliott. Elle aussi habite une vieille demeure dans un cadre des plus bucoliques. Je suis sous le charme. Je vis un rêve et je veux y rester.

C'est là que je rencontre Dorian, le cousin de Piers, âgé alors de trente ans. Nous sommes un petit groupe d'invités ; l'un est au piano, l'autre à la guitare, un autre encore chante. Dorian accompagne les musiciens avec des petites cuillères et chante aussi. Je découvre un homme drôle, qui nous fait tous beaucoup rire. Il est assez grand, légèrement enrobé, cheveux châtain clair et petits yeux verts. On ne peut pas dire qu'il me plaise particulièrement. De toute façon je n'ai d'yeux que pour Piers. Mais les deux cousins savent si bien mettre de l'ambiance ! J'admire leur aisance, moi qui suis plutôt du genre réservé.

Dorian a beau être un véritable boute-en-train, quelque chose en lui me met pourtant mal à l'aise. Cela dit, je n'y attache pas trop d'importance : sur le moment je me reproche de ne pas être assez « cool ».

Cette impression se répète les jours qui suivent. Ainsi, lors d'une soirée où Dorian est également présent, tout le monde a un verre à la main. Je bavarde avec l'un des invités lorsque Dorian se matérialise soudain à mes côtés et me demande de lui tenir son verre. Puis il s'éclipse. Tandis que je suis concentrée pour maintenir la conversation en anglais, je tiens son verre un certain temps. Puis je me rends compte qu'il ne revient pas et m'en débarrasse. Je reprends ma conversation laborieusement.

C'est alors que j'aperçois Dorian, se tenant au fond de la pièce et m'observant avec un petit sourire sardonique sur les lèvres. Puis il me rejoint, en marmonnant en anglais comme à lui-même que j'ai fait preuve d'une certaine soumission. Sur le moment je trouve sa remarque obscure, puis je me dis que mon anglais de niveau baccalauréat ne me permet peut-être pas de saisir la subtilité de son propos. Ainsi, à plusieurs reprises lors de ce séjour, Dorian semble chercher mon attention en me provoquant comme s'il voulait me tester. Mais qu'importe, je ne suis pas là pour lui, c'est pour son cousin que mon cœur bat.

Six mois plus tard, pour les fêtes de Noël, je me trouve de nouveau invitée chez les Elliott. C'est l'occasion pour moi de revoir Piers, auquel je n'ai cessé de penser depuis l'été précédent, malgré la distance et les rares échanges que nous avons eus entre-temps. Lors d'une soirée chez Elsa, je le retrouve enfin, mais je déchante vite car il semble malheureusement s'intéresser à une autre jeune fille. Dorian, lui, a préparé un punch. Mais pas n'importe quel punch. Un seul verre me monte à la tête de façon fulgurante. Bientôt je me trouve saisie d'un coup de blues et noyée dans les larmes. J'avais tant rêvé de ces retrouvailles avec Piers, et voilà que la réalité me rattrape : c'est un Casanova, il me l'a bien laissé entendre la dernière fois que nous nous sommes vus… Je ne suis pas la seule femme de sa vie. Mon prince me semble inaccessible. J'ai honte de pleurer ainsi, je ne parviens plus à me maîtriser, et en désespoir de cause je me précipite au-dehors, en dépit de la neige, puis je me réfugie dans la voiture des Elliott restée ouverte. Dorian, qui devait me chercher, finit par me retrouver. Je ne veux pas de sa présence, j'essaie de le repousser. Il s'impose pourtant, me prend dans ses bras et me serre très fort. Il me parle longuement et je découvre alors un Dorian tendre, qui semble se soucier de moi et veut me réconforter à tout prix. J'ai une épaule sur laquelle m'épancher. Je suis surprise de l'attention qu'il me prête. C'est à ce moment-là que je mets en doute la première impression que je m'étais faite de Dorian. Un peu ivre et sous le coup de ma déception amoureuse, je cesse d'écouter ma petite voix intérieure : de toute évidence, mon jugement n'est pas fiable, Dorian est en fait plus sympathique que je ne le croyais.

Carole

L'été de mes vingt ans, je suis étudiante et cherche un job pour les vacances. Je suis rapidement embauchée pour m'occuper d'enfants dans un centre sur la côte méditerranéenne. Très vite, je noue des liens amicaux avec les gens qui ont comme moi une vingtaine d'années. Comme j'ai un caractère enjoué et sans façon, j'ai toujours eu beaucoup de facilité à me faire des amis ! Et le soir, entassés dans la deux-chevaux, mes camarades et moi nous sortons tous ensemble boire des pots.

Un seul fait bande à part : Jean. Il est aide-cuisinier dans le village vacances où nous travaillons et lave des montagnes de salades plus grandes que lui dans la cuisine du restaurant. Chaque soir après son service, il part en direction de la plage avec le seul ami qu'il se soit fait, le type le plus ringard du village. Je le vois, le soir, devant sa tente, nettoyer ses chaussettes. Pourquoi pas ?! Et puis il est bronzé et beau. De mon côté, je ne pense qu'à sortir et faire la fête avec mes camarades.

Après tout, Mai 68 n'est pas si loin et je prends le contre-pied de mon éducation un peu rigide en profitant ainsi de la vie ! Jean, lui, est seul et m'attire de façon irrésistible. Il est tellement différent de toutes les personnes que j'ai rencontrées jusqu'à présent : calme, réservé, mystérieux… Sans que nous ayons échangé une seule parole, je ressens un véritable coup de foudre pour lui. Rapidement nous sympathisons.

Deux semaines plus tard, un mardi, je dois préparer les petits-déjeuners. Lorsque j'entre dans la cuisine, je vois quelqu'un d'autre occuper le poste de Jean. Je ne comprends pas, je m'interroge, il n'a prévenu personne. Il réapparaît subitement quelques jours plus tard décidé à quitter définitivement son travail. Je le convaincs alors de revenir travailler dans notre équipe, en lui démontrant que les conditions de travail ne sont pas si mauvaises que ce qu'il veut bien dire. C'est ainsi que notre aventure commence ! Et quelle aventure…

Je me sens pousser des ailes, je suis la plus heureuse ! Quand il y a de la buée sur les fenêtres de la cuisine, des copains, avec humour, nous dessinent des cœurs sur les vitres. Jean et moi sommes le couple de l'année ! Un jour, alors que je nettoie la table du restaurant, il me demande en mariage. Je saute de joie ! Nous nous préparons et allons à vélo à la mairie, tambour battant, pour nous marier. Quelle déception quand j'apprends, avec étonnement, que cela ne se fait pas comme ça. La naïveté et l'enthousiasme de ma jeunesse sont tels que je vis les choses sans réfléchir, en me laissant emporter par mon élan. Heureusement, ce mariage n'est que partie remise.

Après l'été nous nous quittons pour rejoindre nos familles respectives. Je n'ai qu'une hâte : le revoir à nouveau. De tous les garçons que j'ai croisés, Jean est le plus atypique et cette particularité me fascine. Et puis il est si seul, il semble si peu à l'aise dans le monde que j'ai envie de lui apporter ce dont il manque. J'ai l'impression que je peux l'aider, que je peux lui être utile.

Mathilde

Frédéric, que j'ai rencontré quelques mois plus tôt lors de mon stage BAFA, est devenu un très bon ami. Aussi, lors d'un voyage en Italie avec un groupe d'amis, l'année de mes dix-neuf ans, je l'invite à se joindre à nous. La journée, je travaille, pendant que mes amis visitent la région. Peu à peu, Frédéric se démarque du groupe. Le matin, très tôt, il vient me voir avant que je ne parte au travail, et il apporte souvent des petits pains tout chauds. À la fin de la journée, il m'attend et m'offre des fleurs ou bien m'écrit des lettres enflammées. Je suis devenue son seul et unique objet de conquête. Mais je lui résiste : décidément, je ressens que quelque chose cloche. En fait je suis partagée, indécise : mon instinct semble sur la réserve, mais ma fascination demeure. Finalement, lors d'une soirée festive un peu plus arrosée que les autres, je me retrouve dans les bras de Frédéric. Mes amis pourtant voient le début de cette idylle d'un très mauvais œil, à tel point qu'ils partent précipitamment en me laissant seule avec lui. Je ne comprends pas leur attitude. Frédéric se montre alors très gentil, prévenant, doux et généreux. Du coup je ne sais que penser. Dans les jours qui suivent, mes amis me font savoir qu'ils n'aiment pas l'influence qu'il a sur moi. Je prends mal cette mise en garde : ils se trompent, Frédéric est adorable avec moi, et après tout, comment peuvent-ils avoir un jugement aussi tranché, sans avoir cherché à le connaître ? D'ailleurs nous avons des points communs, comme en témoigne notre rêve d'évasion lointaine.

À l'issue de ce stage, je retourne à Grenoble où mes parents ont investi pour ma sœur aînée, Flora, et moi dans un appartement, afin de faciliter nos études. Tout est neuf et beau, je m'y sens si bien, et puis j'y retrouve ma sœur avec laquelle je me suis toujours bien entendue. Frédéric termine ses études et se montre heureux que je me rapproche de lui géographiquement. Avant même que nous ne sortions ensemble, il se montre très présent, passant régulièrement à notre appartement… Ce qui déplaît à ma sœur. Elle se sent gênée par sa présence. D'ailleurs elle quitte les lieux à chaque fois qu'il arrive. Je trouve qu'elle en fait tout de même un peu trop ; il ne lui a rien fait ! Je me dis qu'elle est peut-être un peu envieuse de mon couple, étant seule elle-même. Et plus ma sœur se montre sur la défensive, plus mon envie de me lier avec Frédéric est forte. J'ai une telle envie de m'affranchir du jugement de mes proches, de devenir adulte et de faire mes propres choix !

Les études de Flora terminées, je me retrouve seule dans l'appartement et tout naturellement Frédéric s'y installe. Je passe maintenant tout mon temps avec lui, tant il me fascine.

J'ai vraiment dans l'esprit que c'est une chance pour moi de côtoyer un être aussi à part, plus mûr et plus solide que moi. J'adopte toutes ses activités, tous ses choix. Je le suis à ses cours de tennis, dans ses randonnées, je lis ses livres, ses revues, j'écoute sa musique, et je change petit à petit mon style vestimentaire. J'ai le sentiment de profiter de son expérience, de son savoir. Il parle peu, mais quand il parle, cela me paraît si intéressant qu'il n'a aucun mal à me convaincre. Étrangement, j'ai besoin d'être auprès de lui pour me sentir moins fragile, mais plus je suis avec lui, plus je ressens cette fragilité.

Amélie

À la fin de ce deuxième séjour dans le Wexford où Dorian s'est rapproché de moi dans un moment de vulnérabilité, il me réclame mes coordonnées en France. En effet, il vient tout juste de se prendre un pied-à-terre à Paris, où je poursuis mes études.

Dès la rentrée, il me contacte et devient un ami. Un ami tout court. Je ne désire rien de plus et, à ce moment-là, je suis toujours amoureuse de son cousin Piers, avec lequel la suite de mon séjour s'est finalement bien passée, et avec qui j'ai gardé des liens. Toutefois, la sensation que Piers m'est inaccessible persiste.

À Paris, quand nous nous voyons, Dorian ne me parle guère de son travail, qu'il dit ennuyeux. En fait, tout ce que je sais, c'est que c'est un homme d'affaires et qu'il se déplace régulièrement à l'étranger. Quand il séjourne dans la capitale, il m'invite au restaurant et organise des sorties. Étudiante fauchée que je suis, j'apprécie ces petits interludes. Nos conversations se déroulent en anglais. Je n'arrive pas toujours très bien à suivre, d'autant plus que Dorian a tendance à philosopher. Lorsqu'il est à l'étranger, il me téléphone fréquemment. Il m'écrit des lettres et des poèmes un peu mystérieux dont je ne réussis jamais tout à fait à décrypter le sens, malgré mes rapides progrès en anglais.

À l'époque, je me sens flattée de recevoir tant d'attention de sa part, en dépit de notre différence d'âge. Et secrètement, à travers lui, je garde un lien, même lointain et ténu, avec Piers qui reste l'élu de mon cœur, celui auquel je pense toujours mais dont je ne reçois pas assez de nouvelles à mon goût.

Un jour Dorian demande à m'accompagner chez mes parents. Tout d'abord, j'hésite, troublée par le fait qu'il s'invite de la sorte, mais je ne vois pas non plus de raison de refuser. Je présente Dorian comme un bon ami – ce qu'il est pour moi. Mes parents lui font bon accueil et ma mère me fait savoir qu'elle le trouve assez bel homme. Il est vrai qu'il a perdu du poids, adopté une tenue vestimentaire décontractée et s'est laissé pousser les cheveux, ce qui lui va bien et lui donne une allure d'étudiant cool. Comme à l'accoutumée, Dorian se montre enjoué, chaleureux, drôle, généreux, plein d'attention pour tous. Au début mes parents le trouvent charmant. Cependant, petit à petit, Dorian apporte des affaires personnelles chez eux. Des vêtements, un petit piano électrique en bois... Mes parents finissent par le trouver envahissant et culotté. Moi j'en suis gênée, mais je mets tout sur le compte de son excentricité, typiquement irlandaise à mes yeux.

Quand Dorian part en voyage d'affaires, il tient à ce que je l'accompagne. Je commence par résister, préférant me consacrer à la préparation de mes examens. À force d'insister, Dorian réussit à me convaincre de l'accompagner. Après tout, pourquoi pas ? Mes amies trouvent que j'ai bien de la chance de me voir offrir de telles escapades.

Dorian m'emmène à ses rendez-vous, me présente avec fierté, puis me demande de l'attendre, disant qu'il n'en aura pas pour longtemps et qu'ensuite nous ferons une sortie sympathique. Il arrive que l'attente se prolonge jusqu'à deux heures. Comme il peut sortir de son entretien à tout instant, je n'ose ni le déranger ni m'éloigner. Je me sens comme une potiche et cela me contrarie. Mais quand enfin Dorian réapparaît, il est prompt à me faire oublier mon attente, me prend le bras et m'emmène dîner au restaurant, voir des curiosités ou assister à un spectacle. Il déborde d'enthousiasme, m'emporte dans un tourbillon de fantaisie et rend mon univers plus pétillant. J'essaie alors de voir le bon côté des choses en me disant que j'ai bien de la chance d'avoir un tel ami.

Il me paraît en effet être plein de qualités. Dorian est indéniablement un boute-en-train. Il a en outre ce côté exubérant anglo-saxon, que je trouve plein de charme. Il semble si sûr de lui et si sociable. Il s'arrange avec une facilité déconcertante pour s'attirer rapidement les confidences des uns et des autres, et si possible des confidences intimes.

Il aime rappeler qu'il a fait ses études dans des établissements huppés et onéreux, que sa famille a toujours habité dans d'imposantes propriétés et bénéficié de l'aide d'un personnel de maison. Il s'intéresse à la poésie et à la philosophie. Il semble posséder des connaissances sur tout dans toutes sortes de domaines, fussent-ils politiques, socio-économiques ou historiques. Je ne peux faire autrement que d'être fascinée par ce personnage haut en couleur. Et puis, à ce stade de notre relation, Dorian m'idéalise, me met sur un piédestal, et chante mes louanges à qui veut l'entendre, ce que je trouve agréable.

Cependant mon cœur appartient toujours à Piers, même si nous ne nous sommes pas vus depuis longtemps. Ma relation avec Dorian demeure donc une relation amicale.

Arrive l'été suivant. J'ai l'intention de faire du camping pour les vacances avec mes amis. Dorian, lui, est occupé par des déplacements à l'étranger. Toutefois, lorsqu'il a vent de mes projets, il s'agite et veut absolument savoir où nous allons. Il fait tout pour écourter son voyage d'affaires et, comme il l'a prévu, il réussit à nous rejoindre.

Ce soir-là, après être restée auprès du feu de camp pour parler avec Dorian, je m'apprête à rejoindre mes amis déjà couchés dans la tente commune. Je découvre alors que Dorian en a subrepticement sorti mon sac à dos et qu'il l'a placé dans sa propre tente individuelle, sans m'avoir prévenue. Je suis surprise et mal à l'aise, mais il a tôt fait de déployer son attirail de persuasion pour que je vienne dormir dans sa tente. Il est vrai que je répugne à déranger mes amis qui dorment depuis longtemps. Après tout Dorian et moi nous connaissons suffisamment bien pour pouvoir partager une tente sans qu'il ne se passe rien.

Pourtant c'est cette nuit-là que Dorian se décide à me révéler ses sentiments et se montre entreprenant. Touchée par la force de sa flamme, je finis par succomber. C'est ainsi que notre relation platonique prend fin. Mais je ne peux pas dire que, de mon côté, le cœur y est totalement et je ne suis guère en paix avec ma conscience, car mes pensées vont toujours vers Piers. Je regrette vraiment de m'être laissé ainsi emporter, d'autant plus que dans les jours qui suivent je dois à nouveau séjourner chez la famille Elliott qui m'a invitée et j'espère secrètement y revoir Piers.

J'ai déjà réservé ma traversée en bateau et acheté un ticket de bus qui m'emmènera ensuite jusqu'au village des Elliott.

Dorian m'annonce qu'il a justement des affaires à traiter en Irlande et qu'il m'accompagnera : ce sera plus agréable de ne pas faire le voyage seule. Lorsque nous arrivons de l'autre côté de la mer Celtique, il insiste même pour m'amener à la gare routière d'où part mon car. En voiture, au bout d'un moment je m'étonne que la gare routière puisse être aussi loin. Mais je suis plus étonnée encore quand nous atteignons l'autoroute. Dorian s'arrête à une station-service et revient avec des boissons et des snacks, souriant malicieusement. Incrédule, je dois pourtant me rendre à l'évidence : il ne m'emmène pas du tout à mon bus. En fait, il a décidé de me conduire lui-même jusqu'au village des Elliott. J'en ressens un élan de colère. J'ai acheté mon billet de bus pour rien, et de quel droit m'embarque-t-il de la sorte, sans me demander mon avis ? Mais je me raisonne : après tout, il veut bien faire et c'est tout de même chic de sa part de faire toute cette route pour m'amener à bon port. Je ravale donc ma contrariété. Je lui dois une certaine reconnaissance, non ?

Malheureusement, quand je revois Piers, il comprend qu'il s'est passé quelque chose entre son cousin et moi. Bien qu'il reste présent à mes côtés, je m'en veux amèrement : j'ai l'impression d'avoir trahi Piers en m'étant laissé piéger dans les bras de Dorian. Mais le mal est fait. Je ne me sens plus capable d'avouer à Piers que c'est lui que j'aime envers et contre tout. J'en garderai très longtemps le cœur broyé.

Par la suite, Dorian me laisse entendre que mes sentiments envers son cousin n'étaient pas vraiment réciproques, ce qui ne manque pas de retourner le couteau dans la plaie. Dorian, lui, en revanche, semble avoir toujours été là pour moi et ses senti-ments à mon égard ne font pas l'ombre d'un doute. Je peux au moins être sûre de lui, de sa persévérance. C'est donc vers lui que, par la force des choses, et fragilisée par cette déception amoureuse, je reviens. Et surtout, Dorian reste le seul lien possible mais inavouable avec son cousin, et, dans le fond de mon cœur, je ne peux m'empêcher d'espérer bêtement qu'un jour Piers essayera de me reconquérir et de me délivrer de ma tour d'ivoire.

Un bonheur dissonant

Carole

À peine quelques semaines après notre rencontre dans le village vacances, je décide de monter à Paris pour rejoindre Jean. Je l'aime, j'ai des ailes et pour lui je quitte ma famille et j'abandonne les études de sciences économiques que j'ai commencées. Je veux trouver un job et une chambre pour nous loger.

Ce lundi ensoleillé de septembre, Jean m'attend à la gare, puis nous nous présentons à Saint-Cloud dans un hôtel pour effectuer un stage de gestion hôtelière. Nous sommes jeunes, je suis ambitieuse. J'ai des rêves plein la tête et suis bien décidée à les accomplir, pour moi, pour nous.

En une journée nous trouvons un job : nous sommes embauchés tous les deux pour un an, moi pour un stage de gestion et lui pour un stage de barman. Tout semble nous sourire. La même journée, nous nous dénichons un logement. Une année s'écoule, tout nous réussit, la vie est belle. Nous sommes heureux !

J'aimerais nous préparer un avenir où il y aurait simplement de la place pour une belle maison, des beaux enfants, une vie banale en somme. Je n'ai alors pas plus de diplôme que Jean,

© Groupe Eyrolles

mais ce que je sais, c'est que je veux être avec lui, travailler avec lui, comme nous l'avons déjà fait l'été où nous sommes tombés amoureux. Malheureusement Jean, lui, se montre toujours réticent, aucun de nos projets ne lui plaît. Je déborde d'idées pour lui. De son côté il rejette toutes les propositions que je lui fais et n'émet pas pour autant de souhaits personnels. Et, du coup, rien n'aboutit : nous ne travaillerons jamais ensemble.

Je peux comprendre ses hésitations, ses réticences. Il est vrai qu'au niveau des études, pendant quatre années après le bac, j'ai testé plusieurs voies et rien pour l'instant ne m'a plu. Pourtant je ne baisse pas les bras : malgré mes idées très soixante-huitardes et ouvertes, j'ai besoin d'une situation professionnelle solide, d'un métier qui me permette de m'épanouir.

Mon père m'a toujours dit : « Pense à ta carrière, ma fille ! Si tu veux t'en sortir, travaille. L'avenir appartient à ceux qui se donnent du mal, la vie est un combat permanent ! » Ses paroles résonnent dans ma tête. J'ai bien conscience qu'il ne faut pas attendre que la vie se fasse. Et puis j'ai caché à mes parents que je suis montée à Paris pour rejoindre mon amoureux. Ils ne sont au courant que de mon embauche pour mon stage d'hôtellerie. Je devine qu'ils n'approuveraient pas que je me mette en ménage ainsi. Or, maintenant que je me suis installée avec l'homme de ma vie, il va falloir prouver que les choix que je fais sont les bons et que je les assume.

Je décide une dernière fois de changer de voie et de reprendre mes études. Je décroche mon concours d'entrée en médecine puis passe sept années à étudier d'arrache-pied. Pour ne rien

devoir à personne, le week-end, je travaille dans un hôtel pari-
sien pour financer mes études. Je ne m'autorise aucune sortie,
aucune dépense inutile et je fais même un emprunt à la
banque. De cette façon je n'ai pas le sentiment de peser sur
Jean. Et par fierté, vu la situation, je ne veux pas non plus
demander de l'aide à ma famille. Je veux aussi nous assurer une
sécurité que je sens précaire. Pas question pour moi de fonder
une famille dans la situation actuelle. Je travaille donc beaucoup, et réussis finalement toutes mes études.

De son côté, Jean travaille aussi dans différents hôtels, mais
rien de stable : il change souvent d'emploi, rien ne lui convient
vraiment. Il intègre alors une société de téléphonie comme
magasinier. Pourquoi pas ? Puis il abandonne. La société de
consommation lui fait décidément horreur. Il n'est pas en
adéquation avec son job. Il a l'air mal, très déprimé. Je me dis
que moi aussi j'ai eu des difficultés à trouver ma voie, je
comprends que l'on puisse vouloir changer d'activité. Tout le
monde un jour finit par trouver sa place ! Malgré tout je ne
trouve pas sain que Jean se contente de se réaliser à travers
moi. Je ne sais que faire pour l'aider. Je serai solide pour deux
s'il le faut et je n'ai aucunement l'intention de baisser les bras.
En dépit de tous ces événements, je reste enthousiaste. Je crois
que nous pouvons avoir une vie merveilleuse, je crois en mon
futur mari ! Et surtout je me suis engagée moralement envers
lui : il n'est donc pas question de me désavouer.

Mathilde

Depuis notre rencontre lors de mon stage de BAFA deux ans auparavant, je suis totalement sous le charme de Frédéric, l'être le plus brillant que je connaisse. Pourtant je ne vais pas tarder à découvrir ce qu'il y a d'obscur en lui et il va bientôt se jouer alors un épisode qui créera la particularité du lien qui va nous unir.

Un jour, alors que nous sommes encore à Grenoble où je fais mes études, au tout début de notre relation – j'ai alors dix-neuf ans –, une dispute éclate entre nous. Il ne s'agit que d'une vétille : j'ai dû mal fermer la fenêtre. La dispute s'envenime, Frédéric crie, je tiens à me justifier, il suffit de s'expliquer après tout. Mais il se met à me frapper furieusement avec ses poings. Plus je hurle, plus il s'acharne sur moi. Abasourdie, choquée, perdue, je ne comprends pas son comportement totalement démesuré. Je n'ai jamais vu de ma vie une telle réaction. Il repart chez lui et me laisse en pleurs. Je rentre alors chez mes parents. C'est décidé, je veux rompre, une telle attitude est inacceptable. Cependant je suis au désespoir, c'est mon premier amour, je lui ai tout donné. Je téléphone à mes amies et je leur annonce ma rupture. Seulement je ne dis pas toute la vérité et je cache cette scène de violence. J'ai honte et une part de moi commence à lui trouver des excuses. Je ne cesse d'être malheureuse, car l'amour que je lui porte est toujours aussi vrai et intense.

Dès le lendemain, Frédéric me téléphone chez mes parents où je me suis réfugiée sans rien dire, pour s'excuser platement et sans s'étendre. Il pleure même, cela me déchire et me dépasse. Je ne comprends pas bien, mais, touchée par son chagrin, je finis par lui pardonner. Il me téléphone sans relâche, il m'envoie des fleurs et m'achète même une paire de boucles d'oreilles en or, ainsi qu'un parfum Hermès. Pour moi, c'est la preuve qu'il m'aime énormément : il déploie tant d'énergie et dépense tellement d'argent pour me faire plaisir. Jetant le voile sur ma honte et mon incompréhension, je reviens donc vers Frédéric en occultant la violence, en la cachant à ma famille, à mes amis, à moi-même. Dorénavant, je suis résolument attachée à cet homme, sa présence m'est devenue indispensable. Je ne peux plus vivre sans lui.

Depuis le lycée je souhaite devenir professeur d'italien mais Frédéric me détourne de ce projet professionnel : « Tu seras mal payée. » Évidemment j'ai eu une mauvaise idée. Je décide alors de changer d'orientation : je fais un BTS bureautique et secrétariat trilingue. Je mène ainsi de front ma licence d'italien et le BTS. Grâce à ma persévérance et à mon envie de réussir, j'obtiens mes deux examens.

Lors de l'annonce des résultats, il n'éprouve aucun enthousiasme. Mes parents me félicitent et mes amies du lycée ont planifié une sortie au restaurant pour fêter notre réussite. Cela me plairait beaucoup, mais je ne me joins pas à elles, préférant rester auprès de Frédéric. En effet il me persuade que cet événement est tout à fait banal ; après tout ce n'est qu'un simple BTS et une licence toute bête ; cela ne mérite pas d'être fêté. En écoutant ses paroles, j'ai presque l'impression que ce serait indécent de se réjouir de la sorte. Évidemment mes amies ne comprennent pas pourquoi je ne les rejoins pas, moi qui suis si battante et si gaie ! Mais, je me range à l'avis de Frédéric, dont la logique est toujours si percutante, même si elle paraît un peu rigide.

Après son service militaire, il décroche un job d'ingénieur en management, en région parisienne. De mon côté, j'ai terminé mes études et je quitte mon travail d'assistante commerciale à Grenoble pour le suivre à Paris. J'ai demandé ma mutation pour me rapprocher de mon « prince charmant ». Le travail ne me plaît pas, je m'ennuie et je ne connais pas grand monde dans cette nouvelle ville. Mais peu importe, je suis avec mon amoureux et je rêve de fonder une famille avec lui.

Amélie

Je pense toujours à Piers mais j'ai dû renoncer à lui, par fidélité envers Dorian. Et puis il faut bien dire que peu à peu un attachement se crée et se renforce : Dorian se montre très présent, il sait se rendre indispensable en prenant les choses en main et il arrive toujours autant à m'impressionner. Bien qu'encore sur ma réserve, je suis touchée par l'intérêt qu'il me porte, je me sentirais bien ingrate de le repousser.

Dans l'année qui suit ma rencontre avec Dorian, je suis invitée un dimanche à déjeuner chez un camarade étudiant. À cette époque je suis encore à Paris et Dorian et moi sortons ensemble depuis peu. Quand il apprend l'invitation, Dorian se montre très contrarié et objecte qu'il avait projeté de passer le week-end avec moi. Comme il ne m'en a pas parlé avant et que j'ai déjà accepté l'invitation de cet ami, je me refuse à annuler au dernier moment. Dorian me fait alors promettre de rentrer avant une certaine heure. Lorsqu'en fin de journée je rejoins Dorian, je le trouve dans son bain, en larmes et reniflant bruyamment. J'ai un instant le sentiment qu'il joue la comédie. Sur le coup j'en ressens une certaine irritation, mêlée de dégoût. Il sanglote de plus belle, disant à quel point il se sent blessé que je lui aie préféré la compagnie d'un autre, alors qu'il avait prévu un week-end romantique avec moi. Devant de telles larmes, je finis par me laisser gagner par la compassion et m'efforce alors de me montrer plus sensible à son chagrin en m'employant à le réconforter. Je me mets à culpabiliser de lui avoir fait de la peine sans le vouloir, et je décide que dorénavant je devrai être vigilante pour ne pas passer trop de temps avec mes amis. Pour la deuxième fois, je mets mon instinct en sourdine et joue le jeu de Dorian.

Ce dernier m'annonce quelque temps plus tard qu'il nous a réservé un week-end dans un hôtel à la campagne. Il arrive dans mon petit studio, arborant une mine grave, puis il me prend les mains et dit qu'il a à me parler. Il revient tout juste de l'hôpital où il a rendu visite à une ancienne petite amie, Fabienne. Celle-ci vient de se faire avorter et Dorian m'affirme que le bébé était de lui. Il ajoute qu'il n'a jamais voulu de cet enfant et que Fabienne a cherché à le piéger. Je comprends alors que c'est parce qu'il veut être avec moi que Dorian a demandé à Fabienne d'avorter. Je suis très choquée et attristée à cette idée… Et je pensais qu'il avait rompu depuis bien longtemps avec elle ! Mais je n'ai pas le temps de digérer la nouvelle que, déjà, Dorian m'entraîne au-dehors et, encore étourdie, je me trouve installée dans sa voiture. Alors que nous roulons, Dorian bavarde de choses et d'autres. Je suis incapable de l'écouter. Cette fois encore je suis gagnée par la nausée et le dégoût. Je me rends compte tout à coup que je ne veux pas du tout passer de week-end romantique avec Dorian. En fait, je ne veux pas de Dorian, point à la ligne. Au fond de moi-même, je sais bien que mon cœur bat encore et toujours pour Piers. J'ai un éclair de lucidité : je veux rentrer chez moi, il faut que je descende de voiture, tout de suite. Je décide de profiter du prochain arrêt qui se présentera pour bondir hors du véhicule. Mes affaires sont dans le coffre et nous sommes déjà en banlieue, mais tant pis. La voiture ralentit à l'approche d'un feu rouge. Je me prépare à ouvrir la portière quand, juste à cet instant, Dorian se tourne vers moi : « J'ai l'impression que tu veux sortir de la voiture ! » Je me fige sur place, comment a-t-il pu lire en moi aussi clairement ? L'hésitation causée par la surprise m'est fatale : le feu repasse au vert et la voiture s'élance, laissant derrière nous les dernières fibres de mon courage. L'écœurement, lui, ne me quitte pas. Pourtant je me résigne la mort dans l'âme, car je ne me sens pas tranquille et, confusément, je redoute ses réactions. Je ne sais plus comment faire et devant toute la bonne humeur, l'obstination que Dorian déploie avec tant de chaleur, je culpabilise. Le week-end se passe sans que j'y sois vraiment. Dorian, lui, semble ravi de notre escapade à la campagne et m'en reparle plusieurs fois avec enthousiasme. Comme pour chercher à me convaincre.

L'année suivante se passe tandis que Dorian jongle entre ses divers déplacements professionnels. Quant à moi, je travaille d'arrache-pied pour préparer mes deux diplômes, l'un en langues étrangères et l'autre en économie. L'été venu, nous allons dans le Wexford, non loin du village des Elliott, chez la mère de Dorian. Cette dernière semble m'adorer et m'accueille toujours avec chaleur et en sa compagnie je me sens appréciée, ce qui, de prime abord, est fort agréable. Pendant notre séjour, Piers vient rendre une visite impromptue à sa tante. De nouveau mon cœur s'emballe, mais je ne m'écoute pas, car la situation est difficile. À présent, je suis avec Dorian...

Le soir arrive et nous voilà assis tous les trois à la table de la cuisine. Piers porte le pull que je lui ai tricoté à l'époque de notre idylle, ce dernier lui va comme un gant. Malheureusement, ce n'est pas le cas de Dorian, à qui j'ai également tricoté un pull... Moins bien ajusté. Voyant cela, Piers devient railleur, glissant de petites réflexions à ce sujet. Il continue ensuite en critiquant les lettres que nous lui avons envoyées, lors d'un précédent voyage au Vietnam. Peut-être est-il jaloux ? L'atmosphère est à couper au couteau. Dorian se lève alors brusquement et sort de la maison à toute allure. Je me retrouve seule face à Piers, ne sachant que dire. La tension devient intolérable et je finis par déguerpir à mon tour. Je retrouve Dorian au fond d'un champ avoisinant. Il hurle à pleins poumons, se frappe violemment la poitrine de coups de poing, tel un gorille en furie. J'en reste figée d'effroi, il est comme possédé. Quand il cesse de hurler, il halète bruyamment comme s'il n'arrivait plus à respirer. J'essaie de le calmer. Il crie qu'il l'a bien senti, le courant électrique qui passait entre Piers et moi, que je devais toujours l'aimer. Je sais qu'il a raison mais je suis pétrifiée, et pour le rassurer je m'empresse de lui dire que non, que c'est vraiment fini entre nous. Je me sens bien lâche mais je ne supporte pas la situation et je suis prête à tout pour que Dorian se calme et revienne à la raison. À cet instant, terrorisée par cet incident, je ne souhaite qu'une chose : faire tout ce qui est en mon pouvoir pour que cela ne se reproduise pas. Quoi qu'il m'en coûte.

Je poursuis toujours mes études et depuis quelque temps maintenant Dorian et moi partageons un petit appartement. Il se déploie toujours autant pour me séduire et m'être indispensable. Mais pour que l'attachement soit total, il lui faut faire en sorte qu'à mon tour je me sente indispensable pour lui. Je me rends compte que Dorian est habité par une certaine souffrance. Ainsi, il parle souvent de son enfance, qu'il qualifie de malheureuse. Il se plaît à me répéter qu'il n'a jamais vu d'amour dans le regard de sa propre mère.

Souvent Dorian me parle de son problème de dépression. Avec moi, il dit qu'il ne craint pas de pleurer. Cela lui fait du bien. Il a été très suicidaire, me dit-il. Il rajoute même que, heureusement pour lui, il m'a rencontrée : je l'ai sorti de son bourbier, j'ai transformé son univers. D'ailleurs, en toute probabilité, dit-il, s'il ne m'avait pas rencontrée, il ne serait même plus là, car il était au bord de l'abîme. Je l'ai tout bonnement sauvé. Je suis sa bonne étoile, son ange gardien. Il revient un jour avec une peluche qu'il baptise *Lifeline*, « bouée de sauvetage », et il la place bien en évidence dans l'appartement en symbole de ce que je représente pour lui. Elle veille sur notre bien-être.

Ainsi, je me sens confusément inquiète à l'idée que le bonheur de Dorian repose fermement sur mes épaules. Et s'il m'arrive de songer à le quitter, je crains aussitôt qu'il tourne mal, voire qu'il mette fin à ses jours. S'il passait à l'acte, je ne m'en remettrais jamais. Je sens maintenant que je lui suis indispensable.

Pour le meilleur et pour le pire

Mathilde

Frédéric et moi allons nous marier. La cérémonie aura lieu à Grenoble, ma mère et Flora se chargeront de régler tous les détails. C'est plus pratique de cette façon, cela aurait été difficile de nous en occuper depuis Paris. Heureusement, il me reste la liste de mariage à établir ! Je rêve déjà à une belle vaisselle, à des bibelots charmants, à tout ce qu'il nous manque pour décorer notre nid d'amour. J'ai parlé de la liste à Frédéric, il est assez frileux sur le sujet : « Les cadeaux ne m'intéressent pas, je préfère que l'on nous donne de l'argent. » Je suis un peu déçue, et à la fois, pourquoi pas ? Avec l'argent reçu, nous achèterons ce qui nous fait plaisir…

Aujourd'hui, Frédéric et moi passons devant un magasin quand il m'attrape soudainement le bras. « Si tu veux faire une liste de mariage, tu vas là… Allez, on se dépêche ! » Nous rentrons précipitamment et parcourons le magasin au pas de course. Frédéric est si sûr de lui, si pressé aussi… Je n'ai même pas réfléchi. Je choisis la ménagère, la vaisselle et les bibelots selon ses ordres. En une demi-heure, notre liste de mariage est bouclée. Certes, cela ne s'est pas passé comme je l'avais imaginé. Moi qui aime prendre mon temps, qui me réjouissais de fouiner dans les magasins à la recherche de mes perles rares, je suis un peu contrariée par la tournure de la situation. Tant pis, voilà au moins une bonne chose de faite.

Carole

J'aime Jean, je veux m'engager auprès de lui, il est temps que l'on se marie. Mes études ne sont pas terminées mais qu'importe ? Après tout nous vivons ensemble, nous sommes amoureux, heureux et nous allons passer notre vie côte à côte… Pourquoi attendre ? Les vitrines et les catalogues me font tellement envie ! J'aurai une grande robe blanche, une fête inoubliable, des invités enthousiastes qui chantent et dansent !

Certes, ce ne sera pas aussi bien que pour mes frères. Ils ont respecté la tradition, eux, ils ont fait les choses dans les règles. Moi, je vais devoir me débrouiller seule. Mon père s'oppose à l'idée que je porte une robe blanche, moi qui n'ai pas attendu, qui lui ai caché ma relation amoureuse, qui n'en ai fait qu'à ma tête. Qu'importe. J'aurai cette robe quoi qu'il arrive, je me la paierai et je la porterai, point barre. Mon père est parfois dur mais il ne m'a jamais laissée tomber, je sais qu'il m'aidera à financer mon mariage malgré tout, je l'espère…

Amélie

Ce matin, Dorian m'a dit qu'il serait temps pour nous de nous marier. J'ai acquiescé, doucement. Cette demande ne me met pas en émoi, c'est vrai, mais après tout il m'aime tellement. Il ne cesse de me faire comprendre à quel point je compte pour lui, que je suis tout pour lui. Et puis je me suis attachée à Dorian. Piers est marié, il est même devenu papa… Dorian m'aime, nous vivons déjà ensemble, pourquoi chercher ailleurs ? Pourquoi attendre autre chose, que pourrais-je espérer de mieux ?

J'ai parlé à mes amies de ce projet. Je ne comprends pas, elles me parlent de sacrifice ? ! Je trouve cela exagéré. C'est tout de même moi qui décide ! Évidemment, ma mère ne s'enthousiasme guère pour cette idée. Elle n'apprécie pas Dorian outre mesure, je le sais, comment pourrait-elle comprendre ? Je repense à la lettre qu'elle m'a écrite, quelque temps plus tôt, dans laquelle elle fait cette étrange comparaison. « Certains hommes se comportent avec les femmes comme si elles étaient des pommes. Ils les mangent, et à la fin ils jettent le trognon… Méfie-toi, ma fille, cette relation ne me plaît pas. » Je ne peux pas me résoudre à cette idée. Je ne suis pas une pomme bonne à manger, je suis une femme, j'ai mon libre arbitre.

Dorian m'a annoncé aujourd'hui que la date du mariage était fixée. Nous allons nous marier l'été qui vient, en Irlande. Il a d'ailleurs suggéré que nous pourrions en profiter pour aller vivre quelque temps dans son vert pays. J'ai commencé par protester, après tout j'ai mon mémoire universitaire à finir et il n'est pas question que je laisse ce travail en plan. Il m'a persuadée de modifier mon sujet pour pouvoir travailler à partir de sources en anglais, ce qui rendrait mon travail d'autant plus intéressant, et m'a assuré qu'il m'aiderait à traduire mes sources en anglais, que j'aurais tout le temps, toute la place pour terminer mon mémoire en Irlande. Vu sous cet angle, c'est plutôt une bonne idée. Ce pays me plaît, je ne serais pas contre l'idée d'y vivre deux ou trois ans... Et puis Dorian aura à faire, avec son projet d'entreprise. Ce sera plus simple pour lui de démarrer une activité là-bas.

Mathilde

J'ai vingt-six ans et le jour de mon mariage est arrivé. L'été est doux à la campagne, la cérémonie sera réussie, grâce aux bons soins de ma mère et de Flora. Me voilà dans ma robe, longue, écrue, parsemée de petites roses toutes simples. Tout le monde s'accorde à dire que je suis ravissante... Sauf la mère de Frédéric, qui vient de me dire que j'aurais pu choisir une tenue plus sobre. Cela ne m'étonne pas, même si je me sens un peu blessée. Je préfère ne pas relever. Pourquoi risquer de se disputer un jour pareil ?

La cérémonie commence : mairie, église, puis la journée se poursuit sous le soleil. Les amis et la famille semblent comblés, je les regarde sourire et s'émouvoir. Le soir venu, tout le monde danse et s'amuse. Ce mariage est une réussite, les invités viennent me féliciter pour le délicieux repas. Pour ma part, je n'y touche quasiment pas. Tout est parfait, ce devrait être le plus beau moment de ma vie, pourtant j'ai l'impression de ne pas être tout à fait là, de ne pas goûter à la fête comme il le faudrait. C'est comme si j'étais spectatrice de mon propre mariage.

Carole

Ça y est, j'ai acheté ma robe ! À prix discount, oui, et alors ? Au moins j'ai en partie ce que je voulais. Mon père et moi avons loué une ferme-auberge à la campagne et la liste de mes invités est finalement assez conséquente, j'ai tellement hâte ! J'aimerais tant que Jean soit aussi enthousiaste… Il ne fait que râler : « Je ne veux pas inviter mon frère », « Il va y avoir trop de monde », « Engager un photographe ? Hors de question, c'est trop cher et ça ne sert à rien qu'à alimenter cette fichue société de consommation. » Cela m'énerve ! Mais bon, peut-être a-t-il raison au fond. Nous ne sommes pas riches à millions et une ribambelle de photos n'est pas forcément nécessaire à notre bonheur. Je vais tout de même insister pour que l'on fasse au moins deux portraits.

Quand je pense que j'ai menti à mes parents sur la situation des parents de Jean… Je leur ai dit que sa mère était remariée, alors qu'elle ne vit qu'en concubinage, depuis la mort du père de Jean. Je n'avais pas le choix, ils n'auraient pas compris que je veuille épouser un homme issu d'une famille si peu sérieuse. Au moins, contrairement au frère de Jean – avec qui il s'est fâché –, ils seront présents à notre mariage et puis la mère de Jean lui a offert son costume.

Amélie

Dorian et moi sommes arrivés chez sa mère depuis quelques jours. La femme de Piers m'a fait une drôle de réflexion aujourd'hui. Elle m'a dit que je devrais faire attention car

Dorian a le don de persuader les gens d'agir dans un sens qui ne leur convient pas. Cela me paraît étrange venant d'elle. Est-ce que Piers est derrière tout cela ? Serait-il un tantinet jaloux de notre mariage ? Ce ne serait pas bien malin maintenant qu'il est lui-même marié et père, je vais plutôt me concentrer sur la cérémonie qui arrive à grands pas.

Nous y sommes, le jour du mariage a sonné. Nous sommes en pleine campagne, et l'ambiance est sympathique, tout le monde met la main à la pâte pour nous aider. Je n'ai pas eu droit à la robe blanche, ni à l'église. Dorian s'étant déjà marié par le passé, cela n'aurait pas été correct. Je me suis acheté une jolie tenue, à bon prix vu les finances dont nous disposons. Elle n'est pas exceptionnelle mais elle est convenable. Dorian a pris la direction des opérations. Je suis impressionnée par son savoir-faire, sa facilité à tout gérer. Et on a de la chance avec le temps : il fait beau et chaud. Malheureusement la personne qui devait prendre des photos de l'événement a des problèmes avec son appareil. Tant pis, il nous restera les photos d'amateurs prises par des amis !

Ma mère a revêtu une robe noire, comme pour exprimer sa désapprobation, et ne semble pas tout à fait participer à l'enthousiasme général. Je décide de me concentrer sur la cérémonie, après tout c'est moi que l'on marie aujourd'hui ! Plus tard, on vient m'annoncer que ma mère a eu une crise d'asthme mais qu'elle se sent mieux et qu'elle va pouvoir venir festoyer avec nous. Je n'ai rien vu, je me sens très inquiète, voire chagrinée. Puis la soirée démarre et la fête bat son plein.

Je m'efforce de chasser mes angoisses et d'en profiter à fond avec mes invités...

Mathilde

Frédéric et moi sommes mariés depuis une semaine à présent. C'est l'heure de notre voyage de noces, le moment de découvrir les États-Unis dont nous avons tant rêvé tous les deux, dont j'ai rêvé seule même, bien avant de le rencontrer. Pourtant, mon cœur ne bondit pas dans ma poitrine au moment du décollage, pas plus que je ne m'émerveille à l'arrivée. Je suis Frédéric dans les halls, les couloirs, puis dans les rues, les hôtels... Il a tout prévu, de la durée du séjour au parcours que nous emprunterons. Moi, je n'ai rien décidé. À quoi bon ? Il est toujours plus pertinent, plus rapide, plus sûr de lui. Et puis je découvre enfin les États-Unis, je dois en profiter sans me poser de questions.

Frédéric et moi sommes de passage à Las Vegas. Tout me semble grandiose : c'est une ville où tout est tellement démesuré, où tout brille de partout ! Je marche le nez en l'air et le sourire aux lèvres, fascinée. Mais rien ne plaît à Frédéric, qui ne cesse de tout critiquer. Nous marchons sur l'avenue centrale, bordée des plus grands casinos de la ville. Enfin ! Je vais pouvoir éprouver la sensation que l'on a quand on joue sur ces machines incroyables ! Je me rue dans un immense casino aux paillettes lumineuses et me tourne vers Frédéric en souriant... « Il est hors de question que nous perdions de l'argent », me dit-il. Mon élan se brise aussitôt. Moi qui pensais que nous étions ici pour en profiter ! Qu'est-ce que nous faisons là, alors, dans cette ville précisément faite pour jouer et se divertir ? Je suis décontenancée, mais j'essaie de masquer ma déception lorsque je glisse mon unique jeton dans une machine à sous. Frédéric voit juste, je ne suis pas raisonnable comme lui. Et si je lui disais mon envie de dépenser un peu plus, il ne céderait pas de toute façon. Il est solide, droit, il ne revient jamais sur ses décisions et je l'admire pour cela.

Carole

Voilà, Jean et moi sommes mariés, c'était le plus beau jour de ma vie ! Malheureusement, les deux portraits que mon mari a finalement acceptés sont ratés. Jean fait la tête sur ces photos, je suis tellement déçue, je crois qu'il ne me reste plus qu'à les jeter.

Malgré le manque d'argent, j'ai tenu à ce que nous partions à l'aventure au volant d'une vieille traction, pour notre lune de miel. J'ai loué un petit studio, dans le nord-est de l'Italie. Je rêve de découvrir les alentours, et de dîner dans un bon restaurant. Malheureusement, peu de temps après notre arrivée, notre voiture est cambriolée. Papiers envolés. En route pour l'ambassade ! Jean me suit en râlant, il n'avait pas imaginé une telle lune de miel. Moi non plus, mais il faut bien prendre la situation en main. Je suis un peu triste de m'être fait voler nos cartes de vœux de mariage. Un bon repas au restaurant pourra me faire oublier ma déception peut-être ! Si seulement Jean aimait cela autant que moi… Ce n'est pas le cas. Le monde l'ennuie, l'agitation ne lui plaît guère, et une fois de plus, il ne partage pas mon enthousiasme. Tant pis, d'autres aventures nous attendent ensemble, j'y crois.

Amélie

Le moment de partir en lune de miel est arrivé. Il est certain que j'aurais aimé un voyage quelque part au soleil, mais nous sommes trop fauchés. Heureusement Dorian a trouvé une petite maisonnette en ruine que des connaissances nous louent pour une bouchée de pain. C'est en pleine nature, on ne peut même pas y accéder en voiture et il y a vingt minutes de marche à pied pour arriver jusqu'à la propriété. Dorian décrète à tout le monde que nous ne voulons aucune visite. Cependant, des amis téméraires bravent cet interdit et viennent quand même nous voir, ce qui me fait plaisir. Il n'y a ni eau courante ni électricité. On s'éclaire aux bougies et on prend l'eau dehors à un robinet qui est relié à un puits. Parfois l'eau ne vient plus. Il faut alors descendre dans le puits avec une corde et découvrir la cause du problème. Dans la maison, les murs sont complètement verts à cause de la moisissure. On les nettoie à l'eau de Javel. Les matelas des lits sont moisis et Dorian les brûle. Pour se laver, il nous faut descendre dans la vallée et nous baigner dans la rivière. C'est charmant. On ne peut pas dire que cette destination soit des plus confortables, malgré le cadre bucolique à souhait. Quelques jours plus tard, en remontant la rivière, Dorian et moi découvrons des carcasses de vaches flottant au beau milieu du cours d'eau. Je grimace et me glace intérieurement : depuis le début de notre lune de miel, nous nous lavons dans une eau insalubre. J'ai alors le sentiment que l'horizon s'est comme obscurci…

Un goût amer
de solitude

Carole

Jean et moi sommes mariés depuis deux ans maintenant, nous nous sommes installés en Normandie, près de Caen. J'ai presque terminé les études de médecine que j'avais reprises sur le tard avec pugnacité. À ce moment nous apprenons que ma mère est atteinte d'un cancer. Mes parents restent discrets à ce sujet, mon père préfère que nous n'en parlions pas. De plus le fait que j'aie vécu avec Jean sans que nous soyons mariés, puis que je l'aie épousé contre leur gré, a mis des distances entre nous. Et j'ai du mal à être proche de ma mère pendant sa maladie. Comme nous n'avons pas beaucoup de moyens, mon frère nous prête sa voiture, avec le plein d'essence, pour que nous puissions aller rendre visite à ma mère malade. Mais une fois que je suis en face d'elle, je ne me sens pas à l'aise. Jean me culpabilise de mon manque de disponibilité pour elle, tout en me signifiant qu'il n'apprécie pas tellement ma famille. Quand j'écoute Jean, je ne sais plus quoi penser. Et puis je suis prise par mon quotidien : je dois toujours mener mes études et mon travail de front, tout en voulant consolider mon mariage. J'ai toujours vraiment envie d'avancer dans la vie ! Hélas, juste après mes examens, ma mère décède. Mon chagrin est immense. Je m'en veux tellement de ne pas avoir été plus présente. Je vois bien que mon mari avait raison de me reprocher mon manque de disponibilité.

Un an après avoir perdu ma mère, mon père tombe malade à son tour. Malgré tout la chance a l'air de me sourire à nouveau : au même moment, je trouve un employeur remarquable qui, par la suite, me prend comme associée. Je démarre enfin ma vie professionnelle, ce qui réjouit ma famille. Mais la santé de mon père ne s'améliore pas. Pourtant j'ignore tout : mon père, fier et généreux, ne nous dit pas qu'il a décidé de refuser ses traitements. Dans le plus grand secret, il règle toutes ses affaires pour nous éviter tous les soucis causés par son décès. Quant à moi, ignorant la gravité de la situation, je pars avec mon mari en vacances. C'est que je ressens constamment le besoin de partir, de me changer les idées ! Malheureusement, le jour de notre retour, nous apprenons le décès de mon père. Je suis au plus mal, je me sens perdue. Je n'ai rien vu venir, j'ai le sentiment d'être passée à côté de moments importants avec mes parents et, à présent, c'est trop tard. À partir de maintenant je n'aurai plus personne sur qui compter dans mes moments de crise, il faudra que je me débrouille vraiment toute seule.

Après les décès consécutifs de mes parents, il nous faut régler les petits détails de la succession. Mes frères, ma sœur et moi sommes tous effondrés, encore sous le choc, et il nous est difficile d'y voir clair dans ces conditions. Jean me fait alors remarquer que j'ai été lésée dans la succession et que mon frère aîné a tourné la situation à son avantage. Dépassée par la situation, je l'écoute. L'idée que mon frère soit malhonnête avec moi me révolte. Je fonce alors chez mon frère pour avoir une discussion avec lui. Malheureusement, nos deux caractères forts s'affrontent et je repars sans avoir éclairci la situation, avec l'intention de ne plus revoir mon frère tant qu'il n'aura pas fait un pas vers moi. Notre brouille durera vingt ans.

Je ne m'arrête pas à ces événements douloureux, je me laisse reprendre par un quotidien riche et me retrouve absorbée par mon activité professionnelle. Jean, lui, cherche encore sa voie. Dès que mon petit salaire de débutante me le permet, j'engage quelqu'un pour le travail domestique. C'est que je ne veux pas charger mon mari des tâches ménagères, je souhaite de tout cœur qu'il puisse se consacrer à trouver un travail.

Devant son indécision, je lui soumets l'idée qu'il devienne secrétaire médical : ainsi, nous pourrions travailler ensemble ! Jean a l'air d'approuver. Je lui paie l'inscription dans une école à Paris, pour qu'il puisse démarrer sa formation. Au bout de deux mois, il cesse pourtant d'assister aux cours.

Puis Jean semble s'intéresser aux arts martiaux. Pourquoi pas ? Enfin quelque chose qui lui plaît ! Il s'entraîne tous les jours en forêt pendant des heures et se donne à fond dans cette activité où il a l'air de progresser et que bien sûr je finance, trop heureuse qu'il ait enfin trouvé une activité qui lui convienne. Il a à Paris un professeur particulier qu'il voit deux à trois fois par semaine. Je suis prête à tout pour le voir s'affirmer et devenir quelqu'un professionnellement. Pourtant, cela ne marche pas non plus. Il finit par se heurter à un jury, trop rigide selon lui, qui lui dit qu'il n'est pas assez respectueux des règles. Il n'obtient pas l'échelon qui lui permettrait d'aller plus loin et refuse alors de le repasser. Après tout, à son niveau, il peut procéder de la façon qui lui plaît. C'est du moins ce qu'il dit. Par chance, il lui est tout de même possible de passer son diplôme d'éducateur sportif. Je l'y encourage, tant je ne conçois pas qu'il reste à ne rien faire. Alors qu'il est allé chercher tous les documents d'inscription, rien ne se fait. Il n'ira jamais suivre les cours. C'est qu'il ne se voit pas avec des élèves, qu'il ne se sent pas capable de gérer un club. Il finit par tout abandonner. Je suis désemparée. Je ne comprends pas. Je me sens seule à me battre. Je sais que si mon père avait été là, lui qui était si soucieux de notre réussite, il m'aurait soutenue. Peut-être même serait-il intervenu pour qu'une situation aussi déséquilibrée ne perdure pas ? Mais à ce moment, mes parents ne sont plus là, et même si je râle, je ne sais que penser, que faire. Je ne songe qu'à avancer, à faire face à tout.

Mathilde

J'ai épousé Frédéric… ainsi que sa famille. Dans les premiers temps de notre mariage, alors que nous vivons toujours à Paris, je découvre davantage mes beaux-parents. Frédéric m'avait dit qu'il avait ressenti un cruel manque d'affection dans son enfance, et il avait l'air d'en avoir conçu un profond sentiment d'amertume et de désespoir. Je le comprends totalement : il a l'air d'avoir été trop tôt livré à lui-même, alors qu'il n'était qu'un enfant. Pourtant sa mère semble être très présente et affirme le connaître mieux que moi. Ainsi, alors que je suis enceinte, elle m'accompagne pour trouver des vêtements de grossesse. Elle donne des conseils à la vendeuse, arguant qu'elle sait très bien ce qui plaira à son fils. Je ne dis rien, tant son aplomb et son assurance m'impressionnent. Et puis j'ai été élevée dans l'idée que l'on doit respecter une personne plus âgée.

Quand ma belle-mère se trouve dans ma maison, elle est toujours derrière moi pour éteindre les lumières, elle décide des programmes à la télévision, m'interrompt quand je passe des coups de fil importants et se laisse servir en s'empiffrant des plats que je lui prépare. En fait, quand mes beaux-parents sont là, je ressens confusément une sensation d'étouffement. Leurs remarques et la façon spontanée qu'ils ont de prendre les décisions à ma place me déstabilisent. Cependant, par politesse, je n'ose me rebiffer.

Il y a un tel contraste avec ma propre famille ! Quand c'est nous qui allons chez mes parents, ma mère est ravie de nous concocter de bons petits plats et tient à ce que nous repartions le coffre chargé de plats préparés par ses soins. Je suis touchée par ces attentions, mais mon mari, de son côté, trouve que ma mère est envahissante et en fait trop, il apprécie moyennement nos réunions de famille.

D'ailleurs il faut être clair : Frédéric n'aime pas les fêtes. Jamais il ne me souhaite mon anniversaire et, depuis que je me suis fait vertement réprimander pour lui avoir offert un disque à nos tout débuts, je fais comme lui et passe sous silence le sien. Je suis réellement impressionnée par cette ligne de conduite, cette philosophie, ce détachement par rapport aux plaisirs de la vie qui semblent avec lui futiles ou infantiles. Il ne supportera pas non plus que notre fille aille aux anniversaires auxquels elle sera invitée par ses petits camarades. Si la fête se déroule un dimanche ou se passe trop loin, il sera hors de question de songer à ce que sa fille quitte la maison, même si elle souffre d'être la seule camarade de la classe à ne pas être présente.

Frédéric n'aime pas non plus Noël, fête trop commerciale à son goût. Ainsi, une année, il invoque divers prétextes pour refuser l'invitation de mes parents pour les fêtes de fin d'année : c'est trop loin, le trajet coûterait trop cher, il y a des risques d'intempérie, etc. Finalement, nous nous retrouvons pour le repas de Noël attablés dans un fast-food devant un hamburger. À mes parents, j'ai dit que nous étions invités chez des amis car j'ai l'intuition qu'ils n'auraient pas compris. Dans ma famille, nous aimons ces grandes fêtes de fin d'année… Je les aime aussi d'ailleurs. Pourtant, je me contente de mon hamburger, me rangeant à l'avis de mon mari.

Amélie

Comme nous l'avions prévu avant notre mariage, Dorian et moi nous trouvons une petite location dans un joli village irlandais. Je découvre un tout autre mode de vie, qui n'est pas sans me plaire. De mon côté, j'essaie de travailler à mon mémoire de maîtrise et je fais de longues promenades avec deux chiots que j'ai récupérés. Nous nous faisons des amis rapidement, ma vie de jeune mariée est plutôt belle.

Malgré tout, mes amis me manquent et je décide d'inviter Myriam, ma meilleure amie. Celle-ci vient donc en vacances chez nous, et nous nous retrouvons avec grand plaisir. Mais quelques jours après l'arrivée de mon amie, Dorian se plaint qu'elle profite de nous. Il insiste sur le fait que nous n'avons pas beaucoup d'argent et que Myriam devrait contribuer à nos frais divers. Je suis outrée, il n'en est pas question. Myriam est ma meilleure amie, étudiante comme moi, fauchée elle aussi et je considère qu'elle est chez nous en tant qu'invitée. Je le supplie de ne rien dire, mais Dorian n'en démord pas, il fonce bille en tête. Dès le lendemain matin, au petit-déjeuner, sans m'en avoir avertie, il attaque. Il expose la situation à Myriam sans mettre de gants. Prise au dépourvu, elle bredouille qu'elle nous accueillera volontiers en retour. Je suis morte de honte au point que j'en ai perdu l'usage de la parole. Une fois de plus, mise devant le fait accompli, je ne sais comment réagir et je n'ose infliger à mon amie déjà gênée une dispute entre Dorian et moi.

Comme nous l'avons désiré, je tombe enceinte, rien ne compte plus que cette nouvelle vie en moi. Je lis, je me documente, je m'alimente le plus sainement possible, je m'impose un programme d'exercices quotidiens. Paradoxalement, malgré le bonheur que m'apporte cette grossesse, il n'en demeure pas moins qu'elle aggrave ma sensation de solitude. En effet il nous faut envisager un logement plus grand. Mais nous n'avons pas beaucoup de moyens et nous ne pouvons louer qu'une maison de ferme, vétuste et en pleine campagne. Au début nous sommes contents d'avoir enfin un petit jardin pour les chiens… Puis l'hiver arrive. La maison est grande, le chauffage est défectueux, l'humidité est telle que chaque matin je dois éponger de grosses flaques d'eau sur les rebords de fenêtres. Au réveil, un froid glacial règne et on trouve les vitres couvertes d'une couche de glace à l'intérieur. Finalement le décor n'est pas sans me rappeler celui de notre lune de miel. J'y vis seule, avec le bébé que j'attends avec impatience. Tous les inconvénients de cette vie s'effacent à l'idée de ce petit être à venir. Je ne me plains donc pas. J'ai accepté cette vie et cet homme, j'ai désiré cette grossesse et je ne pense qu'au bébé.

La naissance de notre première fille est le plus merveilleux événement de ma vie. Je me dévoue totalement à mon nouveau rôle que je prends extrêmement au sérieux. Lorsque j'envoie un faire-part de naissance à mon amie Myriam, elle me répond assez sèchement. J'en éprouve une grande tristesse, comprenant que nous ne nous reverrons probablement plus. Par ailleurs, entre le bébé, les chiens et toutes les tâches domestiques, je ne trouve plus du tout le temps de me consacrer à mon mémoire de maîtrise. Je me dis que, dès que notre fille sera un peu plus grande, je m'y remettrai. En attendant, il me faut assumer au mieux mon devoir de mère et d'épouse dévouée, d'autant que Dorian se montre très exigeant.

Lui, pour son nouvel emploi, travaille de la maison. Il se sert du séjour comme bureau. Je dois évidemment prendre garde à ne pas le déranger, ce qui n'est guère facile quand la petite est éveillée. Il est furieux si elle se met à crier alors qu'il est au téléphone. Je suis donc souvent obligée de me confiner à l'étage ou à la cuisine.

De mon côté, en dépit du bonheur que m'apporte la naissance de ma fille, je trouve épuisant de m'occuper d'un bébé. Je suis souvent fatiguée. De plus, je n'ai aucun moment à moi, puisque je n'ai pas ma famille à proximité sur laquelle compter et nous n'avons pas les moyens de payer une nourrice ou une baby-sitter, l'argent manque toujours. Dorian ne me donne chaque semaine qu'une somme très modique pour toute l'intendance, l'équivalent de quarante euros. Des années durant j'arrive à m'en sortir en achetant tout d'occasion, y compris nos vêtements.

Pour être plus à l'aise, je devrais envisager de prendre un emploi, ne serait-ce qu'à mi-temps. Mais sur ce point, mon mari s'avère intraitable. Il n'en est pas question. Pour ma part je trouve cela paradoxal, puisque nous manquons vraiment d'argent. Cependant Dorian soutient qu'un enfant a besoin de sa mère. Personne ne peut s'en occuper mieux qu'elle. Il est injuste de vouloir un enfant et puis ensuite de partir au travail en le confiant à quelqu'un d'autre. « On arrivera à se débrouiller, insiste-t-il, ce n'est que temporaire, tout ira mieux, ce n'est qu'une question de temps. »

Dans les sables mouvants

Carole

À cette époque, je n'ai pratiquement plus de contact avec ma famille, puisque non seulement je suis orpheline, mais en plus je suis en froid avec mes deux frères. Je ne mesure pourtant pas l'éloignement qui continue de s'installer.

Par le biais de mon travail, je me fais toujours de nouvelles connaissances. Je rencontre une multitude de personnes qui me semblent toutes intéressantes ! Mais ce n'est pas du goût de mon mari, très méfiant. Il trouve que je suis trop entreprenante, que je vais trop facilement vers les autres. À ses yeux, je manque de réserve, je suis trop naïve, inconsciente.

Il critique même systématiquement tous mes amis et, quand je les invite, il les traite de profiteurs : « Arrête d'engraisser ces gens-là ! » me dit-il. Il sait me montrer leurs mauvais aspects. Je préfère ne pas m'attarder sur son pessimisme. Mais je dois bien avouer que le fait qu'il ne soit à l'aise nulle part et avec personne me déstabilise. Lorsque nous sommes invités, avec mon enthousiasme habituel, je cherche constamment le moyen de masquer son attitude introvertie, parfois même agressive, je fais tout pour le mettre en valeur et qu'il se sente plus à l'aise. En vain, et c'est moi qui finis par être mal à l'aise quand nous sommes avec des amis. Lui, de son côté, me traite de fêtarde, se plaint à la femme de ménage que j'en fais trop, que j'attache trop d'importance à mon réseau de relations, dont il ne voit pas l'intérêt.

Même les messages laissés à mon intention sur le répondeur déclenchent sa mauvaise humeur et le mettent hors de lui. Moi, évidemment, je ne comprends pas : je suis tellement contente qu'on prenne de mes nouvelles ! Mon caractère extraverti prend le dessus. Peut-être que je ne vois plus ma famille, mais mon besoin de rencontrer du monde reste fort.

Je me dis que Jean et moi pourrions ne pas fréquenter obligatoirement les mêmes personnes. Après tout, s'il préfère la solitude, pourquoi pas ? Malheureusement il ne me laisse pas faire et je ne vois pas mes amis comme je le souhaiterais : jamais il ne me laisse partir seule. Partout où je vais, il est là, constamment là, derrière moi, derrière une porte, quitte à m'attendre. Sans que je m'en rende compte, je ne suis pas libre de mes faits et gestes. Jaloux, il empiète sur mon espace vital, il pèse sur les relations qui me restent avec les autres. Il me surveille.

En fait, plus il est là, plus je suis seule. Plus je me débats, plus je m'enfonce dans l'isolement.

Amélie

Ce quotidien en Irlande est comme une deuxième vie pour moi : c'est là que je me suis mariée et que je suis devenue mère. Ce n'est pas toujours facile, notamment à cause de nos faibles moyens financiers, mais dans l'ensemble je me suis bien adaptée, j'ai fait plein de connaissances et je mène ma vie tambour battant.

Je suis maintenant mère de quatre petites filles et Dorian me laisse l'honneur de gérer les tâches ménagères, même s'il travaille constamment à la maison. Comme son entreprise s'agrandit, petit à petit il emploie du personnel, toujours chez nous.

Il y a l'éternel problème de la porte de la cuisine ou du portail du jardin laissés ouverts par négligence, sans considération aucune pour la sécurité des enfants ou des chiens. Et puis tous les midis, je dois préparer un repas pour mes filles mais aussi pour Dorian qui déjeune à la maison, accompagné de son personnel. Ainsi, quand je m'absente le matin, laissant derrière moi une cuisine propre et rangée, je la retrouve le soir sale et en désordre, alors que ni les enfants ni moi n'étions à la maison de la journée.

En somme je passe mon temps à m'inquiéter de tout, du portail, de l'état de la maison, des enfants, des animaux. Je ne fais que recevoir, nourrir, nettoyer, servir, sans reconnaissance aucune. Mes amies trouvent que Dorian a toujours bonne mine tandis que j'ai, paraît-il, l'air épuisé. Par la force des choses, Dorian finit par emménager dans des locaux à deux cents mètres à peine de la maison. Ainsi, il n'est jamais loin. Néanmoins je ne suis pas pour autant soulagée. Le soir, les repas en famille sont impossibles, puisque Dorian ne rentre jamais à la même heure. Il fait invariablement le contraire de ce qu'il me dit, et je ne sais absolument pas à quoi m'attendre.

J'ai vaguement conscience que, depuis la naissance de notre premier enfant, les choses ne sont plus comme avant. Le Dorian charmant que j'ai cru connaître jusqu'alors n'est en fait réservé maintenant qu'au monde extérieur. Dans le quotidien et l'intimité, il a cédé la place à un homme qui certes cherche toujours à séduire son entourage, mais qui se montre exigeant, envahissant et indifférent aux besoins de ses proches.

Finalement, j'ai toutes les peines du monde à me constituer des repères fixes dans le déroulement de mon quotidien. Qu'il le fasse exprès ou non, Dorian m'empêche toujours de mener les choses à bien. À la longue pourtant, je suis rodée et prépare à dîner pour les enfants quand je le juge bon, préférant ignorer les contraintes aléatoires qu'il m'impose. Mais mon fonctionnement déplaît à Dorian, qui me reproche de ne pas favoriser les repas en famille. Peut-être ne sommes-nous tout simplement pas faits pour nous entendre, peut-être ne sais-je pas composer avec son caractère si difficile à cerner ? Je me pose constamment des questions.

En attendant, plus mon mari va bien et prospère, plus mon quotidien m'épuise. Il m'arrive de me sentir très mal, d'avoir des coups de cafard et des crises de larmes. C'est incompréhensible, je suis incapable de cerner les raisons de cet abattement et de saisir ce qui ne va pas chez moi. Car il faut le dire, pour Dorian, tout va bien, le problème doit donc venir de moi. Du reste il m'encourage à faire une thérapie. D'après lui, tout vient toujours des problèmes d'enfance, ça ne fait aucun doute. Dorian a raison : il ne faut surtout pas que je transmette sans le vouloir mes problèmes personnels à mes enfants. Cette idée me culpabilise et me pousse à faire un travail de remise en question.

C'est ainsi que j'atterris chez Henry, un psychothérapeute. Très vite le sujet de conversation principal devient Dorian. Les griefs ne manquent pas : il ne respecte pas mon organisation, il ne m'aide pas à la maison, il met sans cesse la maison en chantier, il manque d'égards envers moi, il me critique en temps que mère et en tant qu'épouse et ainsi de suite. En fait il crée perpétuellement un chaos épouvantable autour de moi. Tout cela peut paraître bien banal, mais je me rends compte que, lorsque mon mari s'absente, tout va tellement mieux, je me débrouille bien, je suis plus détendue, j'ai les idées plus claires. En fait, je me retrouve.

Henry me rassure aussitôt : il n'y a rien qui cloche chez moi, simplement j'ai une image de moi-même un peu trop fragile, et il faudrait la consolider en me préservant un espace personnel. Je suis soulagée que cela ne soit pas aussi grave que ce que Dorian avait suggéré. Mon soulagement est pourtant de courte durée : comme il y a toujours du monde à la maison et pas assez de place, il m'est impossible de m'aménager un espace à moi.

Mathilde

Pour Frédéric, cet homme austère et sérieux, qu'il m'ait conquise ne suffit visiblement pas. Il semble avoir besoin de moi d'une façon totale. Chaque lien que j'ai avec quelqu'un d'autre représente pour lui un danger, un obstacle. Ainsi, quand je suis étudiante à Grenoble, j'ai plaisir à rentrer chez mes parents le week-end. Mais Frédéric ne voit pas cela d'un très bon œil. Chacune de mes escapades est accueillie par une remarque ironique de Frédéric : « Tu es contente d'aller chez papa et maman ? ! » Voyant ma mine triste, il m'explique que je dois rompre le cordon ombilical. Sans doute a-t-il raison, il se montre toujours bien plus sage, plus raisonnable, plus mûr que moi. Peu à peu le lien que j'ai avec ma famille se fragilise. Mes visites se raréfient, je suis en train de m'isoler de ma famille.

Il faut dire qu'il ne semble pas apprécier mes amis plus que ma famille : eux aussi sont dénigrés et critiqués. Peu à peu, je renonce à inviter du monde à la maison, en sa présence en tout cas. C'est peut-être moi qui suis quelqu'un de trop banal pour avoir des amis plus intéressants et, de toute façon, je suis prête à faire beaucoup de sacrifices pour être heureuse avec lui. Pourtant j'ai des moments d'immense tristesse que je ne comprends pas et, paradoxalement, cela me pousse d'autant plus à m'attacher à lui : il est mon pilier, le lien le plus intense, le plus fort que j'ai.

Un peu plus d'un an après notre mariage naît notre premier enfant. Frédéric fait tout pour que j'accouche un samedi afin de ne pas avoir à poser de jour de congé la semaine. Son travail est bien plus important à ses yeux que l'arrivée de son enfant et surtout rien ne doit modifier ce quotidien mené à la baguette. Frédéric parvient à ses fins : j'accouche donc un samedi de façon programmée. Lorsqu'il est temps de regagner notre domicile, Frédéric vient donc me chercher, ainsi que notre petite fille. Sur le chemin du retour, il m'annonce le plus tranquillement du monde qu'il part le soir même trois jours en voyage d'affaires. Il ne m'en avait pas parlé. Il me dépose avec notre bébé sur le seuil de la porte et s'en va aussitôt. Il n'a l'air ni triste de nous laisser seules, ni même ému devant sa petite fille ou heureux d'être père.

Je ne m'affole pas, je suis habituée à son comportement, à son self-control. De toute façon je suis trop fatiguée pour relever, je vais passer la première nuit en tête à tête avec notre nouveau-née. Une fois seule dans mon appartement, je découvre qu'il n'est plus le même : sans m'avoir tenue au courant et sans que nous n'en ayons jamais parlé, Frédéric a acheté des meubles de cuisine ainsi qu'une nouvelle télévision. Je suis décontenancée, aucun de ces meubles ne me plaît et je regrette que nous n'ayons pas pu les choisir ensemble. Cependant, je prends aussitôt du recul : ce n'est pas si important. Je suis maintenant habituée à ce que Frédéric prenne les choses en main. Et surtout il y a plus essentiel désormais dans ma vie : j'ai un enfant. J'ai tant à faire avec ma toute petite fille que je ne réalise pas tout ce que j'ai à assumer seule.

Il m'arrive malgré tout de douter de l'amour que Frédéric me porte, et je me mets alors en quête de réponses. C'est ainsi qu'un jour, je prends rendez-vous en secret chez une voyante. Au fil des questions que je lui pose, celle-ci m'assure que mon mari m'aime. Cela me réconforte, je me dis que je me fais des idées et que mes doutes vont passer… Jusqu'à la prochaine fois.

Deux ans plus tard, notre fils naît. Désormais, avec mes deux enfants sur les bras, je deviens totalement absorbée par mes tâches quotidiennes. Et je ne suis pas au bout de mes peines… Un soir, après le dîner, je viens de donner le biberon à notre fils de trois mois. Je suis allée me coucher tôt pour lire. Frédéric vient me rejoindre, ce qui est inhabituel à cette heure. D'ordinaire, il reste toujours assis devant la télévision jusqu'à la fin du film du soir. Il faut dire que le quotidien de Frédéric est réglé comme du papier à musique et que rien ne doit être imprévu, il a horreur de cela. Je m'étonne donc de le voir arriver ainsi. Il a un document à la main et me hèle, comme chaque fois qu'il veut me parler : « Hé ! J'ai signé un très bon contrat. Dans deux mois je commence un nouveau travail en Italie. Prépare-toi, nous allons bientôt partir. »

Je tombe de haut. Certes nous avions déjà évoqué la possibilité de partir vivre à l'étranger, mais je ne pensais pas qu'il allait me mettre ainsi devant le fait accompli. Je ne comprends pas : ce genre de choses, on en discute à deux, c'est une décision qui nous concerne l'un comme l'autre. Cependant, Frédéric étend sa force d'argumentation et je l'écoute, toujours attentive. Lui dit qu'après tout, je suis en congé parental, que c'est donc le moment rêvé pour passer un an à l'étranger, et en Italie de surcroît, pays de prédilection pour moi. Et n'en avions-nous pas déjà parlé ? Ses arguments me paraissent fondés, et comme toujours, je me laisse convaincre. C'est certes un peu précipité, mais je reconnais que c'est une décision cohérente et que c'est une belle opportunité.

C'est ainsi que nous partons nous installer en Italie, même si Frédéric ne parle pas la langue du pays. Qu'à cela ne tienne, il compte sur moi pour l'assister, puisque je parle très bien italien. D'ailleurs c'est moi qui me charge de tous les préparatifs du déménagement, avec les enfants dans les bras.

Et c'est de cette façon que je me retrouve, avec mes deux jeunes enfants, coupée de tous mes amis, séparée de ma famille et éloignée de mon travail, pour suivre mon mari dont je dépends maintenant entièrement et sans réserve. Mais que ne fait-on pas quand on aime vraiment quelqu'un, quand le lien est si fort ?

Une fois dans notre nouvel appartement, c'est moi qui dois assumer la gestion du quotidien. Frédéric aime tout contrôler, mais certainement pas s'occuper de l'intendance et des affaires bassement domestiques. Puisque je n'ai pas de travail, c'est à moi de le faire.

Rapidement je noue des contacts avec des mères au foyer, des étrangers comme moi, des voisins et plus tard des collègues. Cela m'apporte une ouverture extraordinaire sur le monde à tous les niveaux, car ces personnes sont de tous horizons, de toutes les cultures. Par ailleurs, nous avons décidé de faire construire une maison. C'est beaucoup d'implications et de responsabilités que j'assume toute seule, à bout de bras, puisque Frédéric travaille toute la journée et qu'il parle à peine italien. Il m'établit tous les jours des listes précises de tâches à faire : appeler l'expert, les artisans, aller acheter du carrelage et du parquet, installer les plafonniers, peindre le sol du garage et ainsi de suite. Puis il m'appelle deux fois par jour pour surveiller l'avancement de ce que je dois faire. Je suis sous pression permanente car je porte la responsabilité de toutes les imperfections dans la réalisation des travaux – et il y en a, comme dans tout chantier.

Le jour où je dois aller commander un parquet, je me renseigne et vais au magasin que j'ai repéré, juste à côté de l'école des enfants. Le parquet que je choisis est clair, pensant ainsi ne pas trop assombrir les pièces. Je suis contente de moi : cette démarche ne me semblait pas évidente, mais j'y suis arrivée. Le soir, pourtant, à la maison, c'est l'enfer. Frédéric me dit que j'ai encore tout fait de travers et les critiques fusent devant les enfants : « Ce n'est pas possible ! Tu es vraiment nulle… Tu ne sais vraiment rien faire toute seule, tu ne peux vraiment rien faire sans moi ! Quelle incapable… Fais fonctionner ton cerveau, si tu en as un ! » Je réponds en toute logique à Frédéric qu'il aurait fallu choisir le parquet ensemble. Mais cette seule réplique est de trop : « Ferme-la, ta grande gueule », me dit-il, ses yeux noirs rivés sur les miens. J'en déduis que la discussion est close. Plus le temps passe, moins je m'oppose à lui.

Lui, en priorité

Carole

La forêt, la forêt, satanée forêt ! Jean y passe tout son temps, pieds nus, pour faire ses arts martiaux quotidiens. Il ne rentre que pour le déjeuner. Même mes patients le croisent et m'en parlent : « J'ai aperçu votre mari dans la forêt ce matin » ; moi j'ai honte. De plus, mon mari commence à dire à qui veut l'entendre que tout ce que j'ai réussi, c'est grâce à lui, puisqu'il s'est mis en quatre pour me permettre de faire mes études. Soucieuse de donner de nous une bonne image dans la ville où je travaille et où je me suis installée, je préfère passer au-dessus. Je voudrais juste l'aider à trouver sa voie, sa place, mais rien n'y fait. Ce n'est pas faute d'essayer pourtant, je continue inlassablement à chercher des solutions pour lui trouver une activité professionnelle. Je sollicite toutes les personnes que je connais, et dans tous les domaines : la restauration, le sport, le secourisme, les transports, l'administration, l'intérim, même le bénévolat. Et rien, rien ne marche jamais. Jean se défile systé-matiquement et il dénigre sans vergogne le travail qu'on lui propose.

Quand je me laisse aller à désespérer que la situation change, je me souviens de la famille de mon mari : car c'est de là que viennent ses problèmes, sans doute. Il ne s'est pas senti aimé dans son enfance et il en a énormément souffert. Nous avons déjà passé de nombreuses soirées à parler de lui, de ses manques, de ses angoisses… Peut-être a-t-il besoin d'en parler encore ? Je me sens forte pour cela et j'ai profondément envie de l'aider, moi qui en comparaison ai eu la chance d'être la petite dernière de la fratrie, tant chouchoutée ! C'est vrai qu'elle est étrange, sa famille. Ils ne fêtent jamais Noël, ni non plus aucun anniversaire. Quant aux réunions de famille, elles sont quasi inexistantes. Pour moi il est incompréhensible de ne pas profiter des moments que l'on peut passer ensemble et où l'on peut s'amuser. De toute façon, depuis l'incident, j'ai décidé de ne plus voir la mère de Jean. Son chien m'a mordue au visage, à un centimètre de l'œil, j'ai eu la peur de ma vie et personne n'a bougé ! Ma belle-mère est partie comme une voleuse, sans s'excuser, il est hors de question que je la revoie ! Oui, vraiment, Jean n'a pas eu de chance.

Je vais trouver d'autres pistes, d'autres personnes avec qui Jean pourra entrer en contact. Il suffit seulement de s'accrocher, de continuer à foncer, à chercher, à demander. Le cabinet me prend du temps ? Qu'à cela ne tienne ! J'ai de l'énergie à revendre, j'ai même de l'énergie pour deux.

Amélie

Sans l'avoir décidé clairement, j'ai renoncé à finir mes études, à envisager une vie professionnelle épanouissante. Je me contente donc de donner quelques cours particuliers en français. Je fais tout pour correspondre à ce que Dorian attend de moi, soucieuse d'être une bonne mère et une bonne épouse, absorbée par un quotidien nécessiteux. Je m'efface peu à peu derrière les besoins de ma famille et de mon mari, dont je dépends entièrement à tous points de vue, affectivement, financièrement, socialement.

Ce n'est pas la vie dont j'avais rêvé. Avalée par les contraintes quotidiennes, je me sens parfois comme la Petite Poucette au fond du tunnel. J'ai épousé une taupe, je me retrouve privée de la lumière du jour. Il m'arrive de songer sérieusement à quitter Dorian. Et en même temps je n'ai nulle part où aller, je n'ai pas d'argent, j'ai mes précieux enfants, au fond je ne conçois pas de briser notre foyer. Je redoute fortement les réactions de mon mari : il lui arrive encore régulièrement de me dire qu'il a peur que je le quitte et il me rappelle souvent que j'ai été son ange sauveur.

Je repense parfois à Fabienne, cette jeune femme qui a dû avorter par ma faute, parce que Dorian m'aimait et qu'il la repoussait. Je repense aussi à ce jour où j'avais voulu sauter de la voiture pour échapper à un week-end romantique dont je ne voulais pas… Pourquoi ne l'ai-je pas fait ? ! Il est trop tard à présent, je ne peux pas abandonner Dorian, l'idée d'être responsable de son malheur m'est tout bonnement insupportable. Seul, il ne s'en sortirait pas, il est tellement irresponsable ! Et puis il y a les enfants, dont Dorian est incapable de s'occuper réellement. Je me dois d'être vigilante pour deux, je me dois de préserver un foyer solide pour mes filles.

Pour elles, je resterai. Ma petite voix intérieure se trompe, je peux y arriver, je dois y arriver.

Mathilde

Aux côtés de Frédéric, je ne décide plus rien. Je réprime les gestes tendres, puisqu'il trouve cela infantile, je ne me maquille pas et ne vais pas chez le coiffeur non plus, puisque cela ne semble pas le préoccuper. Je le suis, tout simplement, et je mens pour « nous » protéger. Parce que je sens au fond que quelque chose suinte. Comme une menace, une violence : est-ce que je suis en danger ?

Non, ne dramatisons pas. Il y a les phrases dures, les ordres donnés auxquels je dois me conformer, certes. Frédéric est un peu rigide, ce qui n'est pas étonnant vu son vécu. Rien ne sert de s'alarmer, et surtout d'en parler aux autres. Après tout, il ne m'interdit pas de sortir, et je continue à passer du temps avec mes nouvelles connaissances, quand mon emploi du temps me le permet. J'aime cet homme, je l'ai choisi et je dois l'assumer. Nous sommes unis pour la vie, mon mari et moi, nous ne faisons qu'un. Je préfère me taire face à mon entourage, y compris ma famille. Après tout, il serait dommage de gâcher les moments de bien-être à l'extérieur, lorsqu'ils se présentent.

Frédéric me fait souvent cette remarque d'ailleurs. Quand il m'arrive d'essayer d'aborder les sujets délicats de notre vie de couple, il n'a qu'une seule réponse : « On est bien là, pourquoi tu veux parler de ce qui ne va pas ? » Nos moments d'intimité sont pourtant propices à la discussion car ils sont les seuls,

© Groupe Eyrolles

finalement, où je peux lui parler sans redouter sa réaction. Mais je referme la porte tout de suite, dans ma tête, et j'écoute mon mari. Il n'a pas tout à fait tort, notre couple ne va pas si mal.

« Mauvaise mère ! »

Amélie

Depuis que nous avons des enfants, Dorian attend de moi que je me conforme à quelque modèle maternel parfait et idéal. À l'entendre il faudrait que je sois une sorte de Madone, patiente et infiniment dévouée, qui doit tout tolérer de ses enfants et sans se plaindre. Comment le pourrais-je ? Je n'y parviens pas, et Dorian ne laisse rien passer : je ne suis pas à la hauteur de ses attentes, donc j'échoue dans mon rôle de mère, telle est l'image qu'il me renvoie.

Je cherche à poser des limites pour recadrer et éduquer mes filles, dans leur intérêt… Et que fait Dorian ? Il me contredit systématiquement devant elles, me reprochant de manquer de souplesse, me discréditant ainsi devant nos filles. Je lui dis pourtant que je suis prête à me remettre en question, que nous pouvons régler notre désaccord hors de leur présence, pour que nos filles aient le sentiment d'avoir des parents cohérents dans leurs principes d'éducation. Rien à faire, il refuse sans cesse, prétextant qu'il est horrible pour les enfants d'avoir leurs deux parents faisant front.

Il a le beau rôle du père aimant, et moi je passe pour une mère rigide, qui s'en trouve de surcroît décrédibilisée. Il se montre ouvert et tolérant, mais je crois qu'en étant permissif et négligent, il cherche à obtenir leur adhésion sans avoir à jouer son rôle. Parce que finalement c'est moi qui ai constamment la charge des filles, même le week-end, puisque Dorian, passionné par ses activités nautiques, s'y adonne le samedi, le dimanche, et parfois même le vendredi. J'ai bien essayé de lui confier nos enfants, ne serait-ce qu'une heure, pour aller faire des courses au supermarché. Mais quand cela arrive, il me fait sentir que je suis une mère indigne d'abandonner ainsi mes enfants, même si peu de temps.

Aujourd'hui je suffoque, je succombe aux larmes comme c'est le cas chaque jour maintenant, je n'en peux plus. Mon mal-être va en empirant, j'ai vraiment besoin de temps pour moi, de respirer un peu. J'ai insisté auprès de Dorian pour qu'il garde les filles une ou deux heures, afin que je puisse passer un peu de temps à la piscine, ce qui me ferait le plus grand bien. Il a accepté, je vais enfin pouvoir penser un peu à moi ! Mon plaisir est de courte durée. À peine ai-je fait une longueur que je vois arriver sur le bord de la piscine Dorian, tenant notre fille aînée par la main. Elle est déjà en maillot de bain, des flotteurs aux bras. Du coin de l'œil, il s'assure que je les ai bien vus. Puis il s'en va, sans me laisser le temps de réagir, sans mot dire, sans le moindre signe vers moi, laissant la petite seule sur le bord. Bien évidemment, interloquée, je n'ai pas le temps de réfléchir, je ne peux faire autrement que d'aller prendre ma fille dans mes bras. Je reste avec elle et je fais une croix sur ce moment que je pensais pouvoir m'octroyer.

Lorsque ma fille aînée, un jour, tombe du fauteuil et se fait mal à l'épaule, Dorian prend un air soupçonneux. Il se met à me poser des tas de questions qui m'agacent et me mettent presque mal à l'aise. Je commence à me justifier, arguant que notre fille est petite et que, comme beaucoup d'enfants, elle est un peu casse-cou. Je la surveille pourtant, je fais attention à elle. Je suis tellement désolée de n'avoir pu la rattraper à temps et l'empêcher de se faire mal… Je culpabilise. Suis-je vraiment une mauvaise mère ?

Quelque temps plus tard, Dorian me propose de faire un stage, qui m'aidera à mieux m'occuper de mes filles. Ce n'est pas normal que je sois si fatiguée et dépressive, peut-être que ce stage me permettra d'y voir plus clair, me dit-il. Je me retrouve ainsi, durant quelques week-ends, avec d'autres parents, pour un travail de groupe. L'objectif du stage est d'explorer les difficultés que nous rencontrons avec l'éducation de nos enfants dans la sphère quotidienne, de partager nos expériences et d'en tirer des enseignements. Bien entendu, Dorian ne m'accompagne pas : c'est moi qui rencontre des difficultés avec les filles. De son côté à lui, tout va bien.

Carole

J'ai trente-cinq ans et je suis enceinte ! Jean est surpris, il ne s'y attendait plus. Il faut dire que nous sommes mariés depuis douze ans à présent, c'est le temps qu'il m'a fallu pour m'asseoir professionnellement et consolider la situation de mon cabinet. Je sentais qu'il fallait que notre couple soit plus stable avant de fonder un foyer. Je voulais être sûre de moi professionnellement, je voulais que Jean ait trouvé sa voie... Ce qui n'est pas encore le cas, bien que je cherche des solutions. Pendant ma grossesse, je sens mon mari anxieux, agressif. Pourtant c'est lui qui le premier m'avait réclamé des enfants : il devrait être heureux. Et c'est le contraire qui se passe, il a l'air d'être repris par ses angoisses. J'ai l'impression qu'il se sent menacé par l'arrivée de ce bébé.

Notre fille est née, elle est à présent âgée de quelques mois. Mon mari, qui n'a pas encore de métier, s'occupe d'elle lorsque je suis au travail. Or, qu'ai-je découvert il y a quelques jours ? À l'occasion d'une pause entre deux rendez-vous, comme souvent, j'en ai profité pour passer en coup de vent voir ma fille... J'ai aperçu mon bébé dans son fauteuil, avec un biberon suspendu par une corde, à portée de sa bouche, sans son père à ses côtés. Vision d'horreur ! Je me suis mise à hurler tout en défaisant le système. J'étais ulcérée. Ce n'est pas ainsi que l'on s'occupe de son enfant, livré à lui-même ! Jean, en revanche, a été très content de son innovation, et il n'a pas compris pourquoi je m'affolais. C'est un comble ! Une fois de plus, je suis passée pour une empêcheuse de tourner en rond et Jean, braqué, a rendu la discussion impossible. Qu'est-ce que je peux faire de plus ?

Notre deuxième enfant, un fils, est né. À mon grand dam, Jean ne travaille toujours pas et je me débrouille pour lui libérer du temps, afin qu'il puisse poursuivre ses cours d'arts martiaux. Depuis déjà quelques années, j'ai engagé une femme de ménage qui vient trois fois par semaine, et quand nos enfants ne sont pas en halte-garderie, une baby-sitter vient très souvent pour les garder. J'ai également pris mon mercredi en prévision des futures occupations de mes enfants. Je ne m'occupe pas d'eux comme je le voudrais et je culpabilise d'être une mère qui travaille. Jean me le répète souvent d'ailleurs, il trouve que je ne me rends pas assez disponible.

J'aimerais un peu plus de soutien de sa part, mais il y a toujours un obstacle. Hier, alors que j'étais débordée à mon cabinet, il m'a apporté un dossier sur une des réunions scolaires des enfants. Il ne se rend pas compte que je suis sur mon lieu de travail, que je suis en train de m'occuper d'un patient qui m'attend et surtout il ne veut pas aller lui-même à ce rendez-vous qui concerne pourtant ses propres enfants. Pourquoi ? Parce qu'il a horreur de rencontrer du monde. Pourtant il est fondamental d'aller aux réunions scolaires, de s'investir, de se tenir au courant de l'évolution des enfants à l'école... C'est sans discussion possible, c'est à moi de m'arranger pour décaler mes rendez-vous. Je n'ai pas le choix, il faut bien que quelqu'un y aille.

En même temps il faut bien que quelqu'un travaille pour faire vivre la famille et que cette maison tourne. Allons, Carole, ne te pose pas de questions : fonce et mets les bouchées doubles ! Je fais vraiment mon possible, mais aux yeux de Jean, c'est insuffisant. Il me répète constamment que je ne suis pas à la hauteur et, dès qu'il y a un problème à la maison, c'est de ma faute. J'ai forcément dû dérégler quelque chose ce matin puisqu'il n'y a plus d'eau chaude, j'ai oublié de racheter des stylos… Jean prend systématiquement les enfants à témoin. Je pleure chaque jour, je proteste, mais cela ne change rien. Je n'ai pas le temps de m'arrêter là-dessus, j'ai tout le reste à faire… Je reprends ma course sans avoir réglé le problème ; nous verrons cela plus tard !

Heureusement, je trouve un grand soutien auprès de Stella, ma femme de ménage. Elle a toujours une petite attention pour moi, toujours un mot gentil et juste pour les enfants. Sa bienveillance me touche, me rassure et sa présence me permet de faire front. Sa fille, Rose, l'accompagne et s'occupe réguliè-rement des enfants, qui l'adorent. Je sais qu'avec elles deux, la maison est entre de bonnes mains.

Mathilde

Je me plie en quatre pour satisfaire mon mari, pour être une bonne mère, une bonne épouse… Mais visiblement ce n'est jamais suffisant.

Un hiver, en Italie, je me retrouve seule avec mes enfants puisque Frédéric est en voyage d'affaires en Espagne. Il doit rentrer dans la nuit. Mais dans la journée, ma fille, alors âgée de quatre ans à peine, souffre d'une gastro-entérite. Je la vois dépérir au fil des heures, elle se déshydrate, et devient totale-ment amorphe. Je l'ai emmenée déjà deux fois chez le pédiatre dans la matinée et l'après-midi, mais son état empire rapide-ment et sa faiblesse m'inquiète. Je n'ai pas d'autre choix que de la conduire d'urgence à l'hôpital pour enfants. Là, les médecins la trouvent dans un tel état de déshydratation qu'ils l'intubent immédiatement pour la garder une semaine à l'hôpital. De mon côté, il ne m'est pas possible de rester auprès d'elle avec son petit frère : il n'y a pas de place pour nous. Du coup je repars avec mon fils à la maison, le cœur brisé.

Frédéric revient à une heure du matin : je lui explique où se trouve notre aînée et pourquoi je suis inquiète. Insensible, il va aussitôt se coucher. Je me retrouve seule avec mon angoisse et appelle au milieu de la nuit pour avoir des nouvelles. Dès sept heures du matin, je cours voir ma fille, mais je dois rentrer à huit heures, car Frédéric ne veut pas davantage garder son fils : il a plus important à faire. Finalement, voyant que je ne peux être à la maison et à l'hôpital en même temps, il décide quand même de faire venir ses parents pour m'assister. Mais au bout de quelques jours, il ne supporte plus les complications de ce quotidien et il me lance dans la figure : « Tout cela, c'est de ta faute, tu aurais dû t'en occuper mieux que ça ! Tu n'es vraiment bonne à rien ! » Et moi je suis trop fatiguée pour répondre, je sais qu'il ne sert à rien de me défendre, partagée entre la crainte de ses réactions violentes et l'idée que, sans doute, il a raison. Je suis une mauvaise mère.

D'ailleurs il me fait souvent remarquer que je passe trop de temps le soir à raconter des histoires aux enfants : je les empêche de dormir et je les gâte trop. Et en effet je finis volontiers par croire que je suis une mauvaise mère. Je vois bien que, quand je suis avec eux, je suis trop épuisée pour être totalement à leur disposition, à leur écoute. Cela me chagrine et j'en fais sans cesse plus pour compenser ce sentiment de culpabilité : j'accompagne les enfants dans leurs diverses sorties, je les emmène au square, j'organise des activités, des goûters… Alimentant ainsi ma fatigue.

En proie au chaos

Mathilde

Je suis sous l'entière dépendance de mon mari, ne serait-ce que du fait de ma situation : je suis mère au foyer et expatriée en Italie. Mais je commence à prendre conscience que cela ne me convient pas. J'ai envie de profiter de l'opportunité d'être à l'étranger, considérant que c'est une réelle chance. Assez rapidement, je trouve un petit travail à mi-temps. Avec les autres mamans que je croise à la sortie de l'école, nous avons plaisir à nous retrouver et à faire des activités communes, ce que mon mari ne voit pas d'un si bon œil. Si l'une de mes amies est venue passer l'après-midi, il ne doit y en avoir aucune trace. Tout ce qui compte c'est qu'à son arrivée à dix-huit heures pétantes, la maison soit impeccable, les enfants douchés et le repas prêt. Tous les trois changeons pour ainsi dire de comportement et sommes instinctivement au garde-à-vous dès que l'heure approche.

Une amie me propose un jour d'aller voir une exposition de Magritte, à une trentaine de kilomètres de chez nous. Je ne connais pas bien ce peintre, cependant l'idée d'une escapade pour découvrir son œuvre me tente énormément. Je me doute malgré tout que ce ne sera pas aisé d'y aller, même si je sais que cela devrait être plus facile puisque Frédéric sera parti travailler. En effet, je sais déjà qu'il vérifiera le compteur kilométrique de la voiture. Me voilà encore obligée de mentir : je prétends auprès de mon amie que je n'aime pas conduire et lui demande gentiment de me prendre avec elle, ce qui nous permettra d'ailleurs d'aller ensemble chercher les enfants à l'école au retour. Elle accepte, sans se douter un seul instant que c'est pour moi une stratégie salutaire. Cette excursion est vraiment un bol d'air frais. Mais le soir, à nouveau, je me tais. Mon mari ne saura rien de ma journée. Je me dis spontanément que si j'avais tenté de partager le bonheur de cette escapade avec lui, je sais qu'il serait arrivé à me persuader que c'était du temps perdu et cette idée même me gâche le souvenir de cette sortie.

Ces parenthèses que je vis dans la journée sont les seules où je peux être un peu moi-même et je dois bien dire que, le temps passant, moins je suis chez moi, mieux je me porte. À l'intérieur de la maison et au sein de notre foyer, je suis devenue ni plus ni moins un meuble parmi d'autres, que je dois malgré tout entretenir scrupuleusement. En effet, dès que Frédéric rentre, toute la maison est inspectée et le moindre détail est relevé. Un mercredi banal, il aperçoit à son retour sur le plan de travail en inox de la cuisine une trace cerclée de café, ou de thé – je ne m'en souviens plus. Je suis alors dans mes pensées, en train de ranger un placard. Menaçant, au bord de l'explosion de rage, il me hèle et me questionne : « C'est toi qui as fait ça ? » Prise au dépourvu, je mets du temps à comprendre de quoi il retourne et lui réponds spontanément, en haussant les épaules : « Mais non, ce n'est pas moi ! » Instinctivement cela me paraît vraiment être un détail, il suffit de passer un coup d'éponge. Je ne vois pas l'intérêt de prendre ce ton pour une chose aussi insignifiante. Mais tel un prédateur prêt à sauter sur sa proie, il s'approche de moi et hurle les yeux exorbités : « Avoue-le que tu l'as fait exprès !!! » À sa façon de réagir, j'ai presque le sentiment qu'il s'agit de vie ou de mort et, l'espace d'une seconde, je me dis qu'il est fou. Mais sa colère est telle, la menace des coups est si présente, oppressante, que, terrorisée, je lui réponds, comme une enfant : « Oui, c'est vrai, je ne recommencerai plus. » Je m'exécute, prends une éponge et essuie, tremblante, la toute petite trace de café ou de thé. Et à nouveau je passe, soulagée que l'incident se soit résolu sans trop d'éclat. Puis la vie reprend le dessus, avec d'autant plus de facilité que, juste après des moments de tension aussi violente et incompréhensible, Frédéric se montre incroyablement charmant et tendre.

Mon mari ne contrôle pas seulement l'état de la maison, c'est lui aussi qui décide de l'ameublement et de la décoration. Mais pas n'importe quelle décoration : il ne veut rien d'inutile. Si je veux des luminaires, je n'ai qu'à me débrouiller, Frédéric ne veut rien savoir et n'a pas l'intention de m'aider. Il ne va tout de même pas s'abaisser à cela : ce n'est pas son rôle, c'est le mien. De mon propre chef, je vais donc me procurer des lustres peu onéreux – pour que le prix ne me soit pas reproché – et je demande au mari d'une amie de venir m'aider à les installer. Il arrive le lendemain avec tout le matériel nécessaire et gentiment me propose d'installer également des tableaux

aux murs. Mais je refuse sans oser lui avouer que, chez nous, il est formellement interdit de mettre des tableaux, comme d'allumer des bougies : il ne faut surtout pas salir les murs. Il ne faut pas non plus égayer la maison avec des plantes, pleines de microbes, ou, pire encore, avec un animal domestique. D'ailleurs, un mois d'octobre, lorsqu'une de mes amies m'offre une composition de fleurs aux couleurs d'Halloween, le panier finit sur le perron de la porte d'entrée sans que je puisse protester.

Frédéric tient à avoir de la présentation, à se conformer à une image impeccable. Il prend soin de lui et de son apparence vestimentaire. Toujours tiré à quatre épingles, il m'emmène avec lui le samedi pour essayer des vêtements de grandes marques, car il doit être bien habillé pour son travail. Docile, je le suis et approuve tout ce qu'il choisit, avec distance néanmoins : ce n'est pas l'essentiel pour moi. Mais après tout, si cela peut lui faire plaisir, j'accepte de bon cœur. C'est lui aussi qui choisit mes propres vêtements. Peu m'importe, j'ai perdu le goût de m'habiller, de me mettre en valeur. Et de toute façon je reste persuadée qu'il a raison, qu'il sait mieux choisir que moi. Il lui arrive même, à de rares occasions, de m'acheter des vêtements de grande qualité, hors de prix, ce dont il est très fier. En mon for intérieur, je pense que ce n'est pas nécessaire, et que la simplicité me convient mieux. Cependant, n'est-ce pas là une belle preuve d'amour que me fait mon mari ? Je serais bien ingrate de discuter ses choix.

Lorsque nous retournons chez mes parents, ce qui arrive peu souvent au vu de la distance qui nous sépare, j'ai du mal à profiter pleinement de ces retours aux sources auxquels j'aspire tellement. En effet, si je me retrouve seule avec ma mère dans la cuisine pendant que Frédéric lit un magazine ou regarde la télévision, notre sujet principal de discussion tourne autour de lui ou de ses parents. Il m'est donc difficile de partager une intimité avec ma mère, à qui il arrive de me poser des questions sur mon couple. Même si je voulais lui raconter mes tourments, je ne le pourrais pas. Je me rends compte que je dois davantage me surveiller : parfois je vois la porte s'entrebâiller légèrement et je sens la présence de Frédéric, derrière, épiant notre conversation. Le dialogue est aussitôt rompu avec ma mère et nous n'arrivons plus à être naturelles l'une avec l'autre. Je me retrouve seule avec moi-même.

Amélie

Comme dans toutes les familles, il est régulièrement question de vacances. Nous avons le choix entre l'Irlande et la France. En ce qui me concerne le choix est clair, je suis en Irlande toute l'année, donc c'est vers la France que va ma préférence. Dorian de son côté n'est pas contre.

Cette année nous voilà donc en Bretagne, campant à proximité d'une belle plage de sable fin, parfaite en tous points, même si elle est en permanence battue par des vents glacials. Ingrédient indispensable, comprenons-le bien, aux joies de la planche à voile. Dorian, lui, est ravi. Les enfants, eux, passent leur temps à pleurer car ils se prennent continuellement du sable dans les yeux. Moi aussi d'ailleurs. Pas question non plus de pouvoir lire mon captivant roman, car le vent secoue les pages en tous sens. Et nous sommes obligés de rester couverts par de gros pulls pour nous protéger de ce vent impitoyable.

De temps à autre, Dorian fait une pause et nous rejoint, dégoulinant, les cheveux plaqués sur le crâne, le sourire vainqueur. Il relate ses exploits, mord avidement dans un sandwich, vide son gobelet d'un trait, et ragaillardi, repart vers l'océan d'un pas vif et conquérant.

Un jour, une vilaine pluie s'installe. Pas question de faire de la plage. Toute la famille s'empile dans la voiture. On part faire un tour. Dorian emmène quand même ses planches, au cas où le temps redeviendrait beau. Mais le ciel reste on ne peut plus maussade. Qu'à cela ne tienne, Dorian s'arrête auprès d'une plage, sort de la voiture et part faire une petite inspection. Il revient enthousiasmé : il y a un vent génial, absolument parfait. En un clin d'œil, il détache les planches à voile. « Ce sont des super conditions, j'en fais juste une petite demi-heure ! » et, d'un pas guilleret, le dieu Neptune s'élance à l'assaut des éléments.

Une demi-heure, bon, je veux bien patienter. J'occupe les enfants de mon mieux tandis que la pluie tambourine sur le toit de la voiture. La demi-heure écoulée, pas de Dorian. Je m'aventure à l'extérieur pour voir où il en est. Là-bas sur l'eau, une silhouette évolue sur un fond de grisaille. Je songe à prendre la voiture pour aller voir ailleurs mais mon mari peut revenir à tout instant. J'attends encore un peu. Une autre demi-heure s'écoule. Enfin Dorian revient vers nous, ouf. Mais mon soulagement est de courte durée. Il déclare que c'est la meilleure journée qu'il ait jamais eue, il faut qu'il y retourne, il ne peut pas gâcher une occasion pareille et c'est promis, juste une demi-heure de plus, c'est tout. Je suis tiraillée. Je ne me vois pas lui donner l'ordre de rentrer immédiatement, ou encore partir avec la voiture, le laissant seul, cela me semble incorrect. D'un autre côté les enfants et moi n'en pouvons plus de rester confinées dans le véhicule. Encore une fois je me retrouve coincée avec les petites, obligée d'attendre.

Dès que la pluie semble s'apaiser, n'y tenant plus, emprisonnée pour mes vacances dans une voiture assiégée par la pluie, j'emmène les enfants dans la ville la plus proche. On se réfugie dans un café pour faire le plein de crêpes et de chocolat chaud. Quand j'estime que Dorian doit avoir fini, inquiète qu'il puisse nous attendre, nous retournons à la plage. Mais lui est toujours sur l'eau. Inutile de retourner au centre-ville, on est dimanche et tout est fermé maintenant. De nouveau, il nous faut patienter. Les filles sont fatiguées et s'ennuient ferme dans ce huis clos. Elles commencent à se chicaner et moi je suis à bout.

Quand mon cher époux nous fait enfin l'honneur de rentrer, je ne me prive pas d'exprimer mon mécontentement. Je lui fais remarquer qu'il exagère : nous avons passé l'après-midi à l'attendre enfermées dans la voiture, tout de même. Aussitôt il me reproche d'être une râleuse, une rabat-joie, de n'être jamais

© Groupe Eyrolles

contente. Il a quand même le droit d'en profiter de temps en temps, non ? Après tout je n'avais qu'à aller faire autre chose. Il n'y a franchement pas de quoi en faire une montagne. Ce que je peux être égoïste tout de même !

Le lendemain, le soleil est de nouveau au rendez-vous. Le vent aussi bien sûr. Mais cette fois je parviens à trouver pour les enfants et moi un petit coin relativement abrité. En plus, j'ai fait la connaissance d'une autre mère de famille et, même si l'eau est trop froide pour se baigner, cela ne fait rien, on se prélasse au soleil en papotant gaiement, tandis que les enfants s'amusent à nos côtés. Enfin de vraies vacances... Soudain, alors que je suis assoupie, une voix me fait sursauter : « Ah ! Vous voilà ! Je vous ai cherchées partout ! Mais pourquoi vous êtes-vous mises là ? » Cela me paraît évident : « Pour nous mettre à l'abri du vent ! » « Mais il n'y a pratiquement plus de vent maintenant ! affirme-t-il. C'est bien mieux de l'autre côté et je peux vous installer un coupe-vent ! »

Je vais jeter un coup d'œil et me rends bien compte que c'est faux, qu'il y a toujours trop de vent de l'autre côté. Je lui explique gentiment qu'on est très bien là où on est. Ce n'est pas du tout à son goût : « Il y a tout le monde par là-bas ! s'énerve-t-il. C'est quand même aberrant, toutes les autres familles font tout ensemble, elles ! Ce serait bien plus sympa qu'on fasse des trucs en famille nous aussi. Nous sommes vraiment dysfonctionnels ! » Je suis perplexe, mais comme je ne me décide toujours pas à bouger, il revient à la charge et siffle : « Et puis ce serait normal que tu restes à proximité et que tu

© Groupe Eyrolles

m'observes quand je sors faire de la planche à voile, au cas où il m'arriverait quelque chose ! Tu sais bien que ça peut être dangereux et c'est important qu'il y ait quelqu'un qui surveille et donne l'alerte en cas de problème ! »

En vérité les vacances familiales sont toujours les vacances de Dorian, dont lui, et lui seul, doit être le centre, tandis que nous devons graviter autour de lui sans fin et sans échappatoire possible. À force, je suis de plus en plus lasse de ces contraintes ambivalentes, de ces situations inextricables, même s'il ne s'agit que des vacances. J'en ai assez de devoir renoncer à mon bonheur pour que lui puisse jouir du sien en toute impunité.

Carole

Je suis submergée par le travail au cabinet et la gestion de la maison. Comme Jean n'a toujours pas d'emploi, je lui propose de faire un stage d'informatique. Grâce à cet enseignement, il commence à s'occuper d'une partie de la comptabilité de mon cabinet... Mais il s'essouffle très vite. Sans doute cela le dépasse-t-il, néanmoins il préfère dire qu'il ne voit pas l'intérêt de le faire. Il considère que mes revenus me permettent d'avoir recours à un comptable : « Tu peux payer ! » me dit-il alors. C'est pourtant lui qui passe son temps à me dire que je gaspille l'argent. Un jour, excédée, après des années, je somme Jean de trouver au moins un stage. Il en trouve un : conseiller en produits naturels. Pourquoi pas ? Lui qui peste toujours contre la société de consommation, cela lui conviendrait bien. Cette formation coûte deux mille cinq cents euros l'année, mais je m'arrange pour la lui payer. Là encore, il ne persévère pas dans cette voie. Je reçois des notes d'absence : Jean sèche les cours ! Évidemment, il s'est bien gardé de m'en parler.

Pendant longtemps je relativise toujours, je me laisse prendre par le temps qui passe. Après tout, il s'occupe au moins des enfants, me dis-je. Il me dit d'ailleurs souvent que ce n'est pas moi qui le fais et que c'est une lourde responsabilité. Je ne relève pas, je sais bien que je ne suis pas parfaite. Je compense comme je peux.

Jean et moi habitons une maison plaisante mais dans laquelle il n'y a pas assez de place : il me manque un bureau, important chez soi quand on est en profession libérale comme moi. Il nous faut donc déménager. Notre maison actuelle est vite vendue, mais je peine à trouver celle qui saura la remplacer. Enfin un agent m'appelle à mon cabinet pour me proposer une superbe affaire. Je visite la maison en question et tombe littéralement sous le charme, même si elle est détériorée parce qu'elle a été squattée. Un ami architecte me conforte dans mon opinion : c'est une très bonne affaire et les travaux ne sont pas si importants. Je suis totalement enthousiasmée, c'est la maison de mes rêves ! Le soir même, après une visite éclair à la banque qui approuve aussitôt, je signe un compromis de vente pour avoir la priorité. Je préviens ensuite ma famille.

Comme j'ai l'habitude de tout prendre en charge, et d'entendre Jean rechigner à faire des choix, je n'imagine pas aller trop vite. Jean ne travaille toujours pas, il s'agit de mon argent, et surtout je suis convaincue que cet achat est le meilleur choix que je puisse faire pour toute la famille. Le lendemain, pendant que je suis à mon cabinet, Jean part avec les enfants visiter la maison. Je le vois revenir dans une colère noire. Il se plante devant moi et hurle à pleins poumons : « Tu es folle ! Totalement irresponsable ! Tu mets la famille en péril, tu nous ruines ! Jamais tu ne pourras assumer un tel achat ! Qu'est-ce qui t'est passé par la tête ? Et cette maison est hantée ! Hantée ! Elle nous portera malheur, elle a été squattée ! »

Je suis abasourdie, prête à opposer mes arguments, quand je vois les enfants secoués de sanglots. Je culpabilise sur-le-champ. L'idée que je puisse rendre les enfants malheureux de vivre dans une maison qui ne leur convient pas me fait flancher. Je me dis que mon mari a peut-être raison, j'ai vu trop grand, j'ai manqué de discernement. Je me range donc à son avis, pensant même que, heureusement, Jean est là pour freiner mes élans. La mort dans l'âme, j'appelle l'agent immobilier, et je lui annonce, littéralement en pleurs, que je me rétracte sur ma proposition d'achat.

Peu de temps après, mon mari me propose une autre maison. « C'est exactement ce dont nous avons besoin », affirme-t-il. C'est pour moi une bonne surprise car c'est la première fois que Jean s'investit dans la démarche de trouver un logement et même qu'il prend des initiatives. Mais au premier regard, la maison qu'il a choisie ne me plaît pas. Elle ne me ressemble pas, je n'aime pas la disposition des pièces, de l'escalier, ni l'aménagement de la cuisine. Je n'aime rien. Et je me braque : pas question d'une maison pareille ! Cependant cela fait des mois que nous cherchons, et je suis fatiguée. Jean me rabâche sans cesse ses arguments. Je reconnais qu'il y a bien quatre chambres et un bureau comme je le souhaite. Il est vrai aussi que cette maison n'est pas loin de mon cabinet, ce qui est important à mes yeux, afin d'être disponible si mes enfants ont besoin de moi. Et puis je me dis que Jean doit pouvoir avoir son mot à dire. Il va y vivre lui aussi, dans cette maison. Excédée, je finis par capituler, et puis ce n'est pas une mauvaise affaire, à ce prix-là. Gouvernée par la raison, je signe donc l'achat de cette maison.

Malheureusement, cette maison devient le lieu de combats perpétuels, bien éloignée du petit nid douillet dont je rêvais. Combien de fois ai-je cru devenir folle en cherchant un papier que je croyais avoir rangé à un endroit, en apercevant entassées sur le perron des affaires personnelles jugées insignifiantes par mon mari, ou en retrouvant mon bureau chamboulé de fond en comble sous prétexte que rien de tout cela n'était utile ? Ce ne sont *a priori* que des détails, évidemment. Qui ne s'est pas chamaillé avec son mari à cause d'une façon de ranger différente ? Certains couples même vivent sur ce mode. Ils se cherchent tout le temps des poux, c'est leur mode de fonctionnement. Cependant, tout cela me mine, sans que je veuille l'admettre et sans que je comprenne pourquoi.

Mathilde

Si je ressens bien ma fatigue, je suis pourtant incapable d'en identifier la cause. D'ailleurs, Frédéric s'en étonne et décide de me faire faire un récapitulatif quotidien et précis de mes journées, afin qu'il puisse tout comptabiliser et juger si oui ou non cette fatigue est justifiée. Mon temps d'activité concret compté, mon mari trouve que je suis une petite nature : je n'ai aucune raison d'être aussi épuisée, d'autant que moi je ne ramène pas autant d'argent que lui à la maison. Comme je ne comprends vraiment pas ce qui m'arrive, je dois me rendre à l'évidence : mon mari a sûrement raison, je ne suis pas capable de grand-chose et j'ai vraiment besoin de lui pour vivre. Il va même jusqu'à me répéter : « Tu as vraiment de la chance de me connaître et de vivre auprès de moi. » Et je le crois, parce qu'avec le temps, Frédéric est devenu mon unique pilier, mon guide, mon référent en tout. Naïve, aveuglée, résignée, je lui donne tout, dominée par l'impact qu'il a sur moi. Je ne vois, je ne pense et n'agis qu'en fonction de lui, de ce qu'il attend de moi, parce que j'ai vraiment la sensation que je suis trop fragile, que sans lui, je ne serais rien. Je ne vis que pour lui plaire, me conformer à ce qu'il voudrait que je sois, puisque je suis persuadée que c'est le seul moyen de le rendre heureux, lui qui a été si seul dans son enfance, mais aussi parce que c'est pour moi l'unique façon d'exister.

Je passe mon temps à endosser la responsabilité de tout ce qui ne va pas dans la maison jusqu'aux choses les plus insignifiantes. Une pièce manquante dans un meuble à monter : c'est moi qui l'ai perdue. Les travaux n'avancent pas assez vite dans la maison : c'est moi qui n'ai pas su me faire comprendre. Notre fils a du mal à s'adapter au jardin d'enfants en Italie : c'est moi qui l'ai mal préparé à la langue italienne. Frédéric casse un verre : c'est moi qui l'ai mal rangé. À force, je ne sais plus s'il a raison ou tort. Mais, sans cesse déstabilisée, je suis éreintée par le fait d'être constamment remise en question. Je ne sais plus me défendre et j'ai trop à affronter dans mon quotidien, je suis trop occupée à survivre. Tout devient mécanique.

C'est pourquoi je ne dis rien lorsqu'il vérifie le niveau du pot de Nutella, qu'il compte les chocolats pour savoir qu'elle en a été ma consommation, qu'il me foudroie du regard pour que je ne réponde pas si le téléphone sonne pendant le repas. Je ne relève pas non plus quand il m'interdit de m'asseoir sur le bord du lit pour ne pas le déformer, quand il me fait comprendre que je ne dois pas toucher à sa bouteille de shampooing, à son chocolat en poudre, à sa confiture de figue, à son pain réservé à lui seul. Il impose sa volonté sur le moindre objet, et sans que j'en aie conscience, je ne suis devenue qu'un objet parmi tous ceux-là. Peu à peu, insidieusement, j'en suis venue à accepter l'inacceptable.

Pourtant, après les scènes violentes, il m'arrive souvent d'avoir des moments de lucidité. Je me rends bien compte que ses réactions sont excessives, et je cherche alors à lui parler, à avoir des explications sur son comportement, je voudrais le comprendre. À chaque fois Frédéric me rabroue et me démontre que son attitude est justifiée, c'est moi qui ne comprends rien, je dois me rendre à cette évidence. Mais parfois mes doutes et mon incompréhension persistent et je me sens à bout, vidée de toute énergie, bloquée entre ma raison, qui se range à ses arguments si solides, et une petite voix intérieure, imperceptible, ténue, qui s'obstine pourtant à me dire que rien de tout cela n'a de sens.

Un jour où Frédéric se montre très dur avec ma fille, je cherche à lui parler. Mais il est d'une telle indifférence et d'un tel mépris avec moi, que, à bout, je me mets à pleurer : « Tu vois bien que quelque chose cloche dans notre couple ! » Pourtant il ne se démonte pas et affirme que c'est moi qui exagère, que notre couple ne va pas plus mal qu'un autre. Me sentant alors acculée, remplie par un désespoir immense, je lui dis que je veux divorcer. Il ricane et me nargue : « Eh bien, toi qui aimes remuer la chiasse, prends un avocat et divorce ! » Il a raison d'être si sûr de lui : je me sens incapable d'engager une démarche si laborieuse. Cette seule parole, dite sur un ton de défi, me glace le sang et me fait ressentir plus fortement encore ma faiblesse et ma dépendance à lui. C'est vrai, je ne peux rien sans lui. « Sans moi, tu n'existes pas », ajoute-t-il alors, avec un rictus frondeur.

Et je le crois.

Amélie

Dorian ne cesse d'envahir et de contrôler le quotidien de notre famille, mais toujours de façon floue et souterraine, et le temps passe sans que je puisse vraiment mettre des mots sur mon malaise constant, auquel je me suis habituée. Je sais simplement que je ne suis pas heureuse avec Dorian, mais que je me sens incapable de le quitter et de mener ma vie sans lui, ayant le sentiment qu'il me serait impossible de m'assumer seule avec mes quatre filles. À la longue j'ai pris le pli et je passe mon temps à m'accommoder de Dorian.

Dorian aime jouer de la musique, et surtout du piano. Un beau jour, il me fait la surprise, comme d'habitude, de ramener un piano à la maison. Mais pas un piano droit, qui aurait assez facilement trouvé sa place dans notre petit salon. Il s'agit d'un piano quart-de-queue, qu'il affirme avoir eu à un bon prix. Je suis d'abord étonnée car Dorian ne m'avait jamais parlé de ce projet d'achat. Comment se fait-il que nous en ayons les moyens, alors que de mon côté, sur les exhortations de Dorian, je ne cesse de restreindre les dépenses du ménage ? Mise devant le fait accompli, je vois avec consternation notre salon envahi de moitié par l'instrument imposant – et imposé. Même les enfants s'en plaignent : « Cela nous gâche complètement le salon ! » s'indigne spontanément notre aînée. Mais bien évidemment Dorian n'en a cure. Il faut alors que nous changions tous les meubles de place. Dorénavant nous devons nous serrer dans un coin pour regarder la télévision ou profiter un peu du feu de cheminée. En outre, impossible désormais de recevoir décemment nos invités, faute de place.

Néanmoins, malgré mon mécontentement, je me vois mal faire renvoyer le piano. J'ai horreur des conflits et Dorian a vraiment l'air heureux de pouvoir profiter de ce nouvel instrument, ce que je peux comprendre. À chacun ses passions, après tout. Évidemment ce piano entraîne de nouvelles contraintes. Il y a d'abord tous les dérangements liés aux cours de piano que prend maintenant Dorian à la maison. Souvent il est en retard, m'obligeant à faire patienter son professeur et à passer des coups de fil pour arriver à le joindre. De plus il n'accepte aucune interruption, même s'il s'agit d'un message important lié à son travail, ce qui me met mal à l'aise vis-à-vis de mes interlocuteurs, pressés et perplexes.

Mais le plus contraignant à présent, c'est que la pièce doit rester aussi fraîche que possible pour éviter que cet immense piano ne se désaccorde trop facilement. Dorian insiste donc pour que nous n'allumions le radiateur que si nous en avons vraiment besoin le soir, quand nous y sommes. De surcroît, je dois bien veiller à l'éteindre quand je quitte la pièce.

Cependant, un soir, alors que Dorian est en déplacement, les filles se plaignent d'avoir trop froid et d'être obligées de se pelotonner dans leur couette de lit qu'elles ont chacune descendue. J'ai beau régler le radiateur au maximum, il reste glacial. Au retour de Dorian, je lui fais part de ce problème. Il se montre étonné, mais quand je suggère de faire venir un plombier, il refuse avec véhémence : « C'est encore mettre de l'argent par les fenêtres ! Je suis sûr que je peux le réparer moi-même. » Effectivement, le radiateur fonctionne à nouveau.

Pourtant, lorsque la semaine suivante, Dorian s'absente encore quelques jours, le radiateur, de nouveau, fait des siennes. Des jours durant les enfants regardent la télévision, enfouies sous des piles de manteaux et de couettes. Cette fois-ci, dès que Dorian rentre de son voyage, je décide de mettre les choses au clair : ou il s'en occupe définitivement, ou je fais appel à un plombier. Dorian me rassure : il va s'en charger dès que possible. Je quitte la pièce pour vaquer à mes occupations, mais ayant oublié quelque chose au salon, j'y reviens. J'y trouve Dorian, clé à molette en main, s'affairant déjà et dévissant avec assurance quelque chose derrière le radiateur. Surpris par ma présence, il se redresse et je remarque son air fautif. Tout à coup je comprends qu'il avait délibérément bloqué le radiateur en son absence. J'en suis abasourdie. Cela me dépasse. À quoi cela rime-t-il ? Mais Dorian réagit très vite, en me rétorquant qu'il a été obligé de faire ainsi : c'était à cause de moi que son piano se désaccordait. Ce que je ressens est vif, je tolère mal qu'il m'ait menti ainsi et qu'il me mette injustement en cause. Toutefois, comme de coutume, la dispute tourne court. Dorian quitte la pièce, et me laisse en suspens, sous le coup de la surprise, mon indignation aussitôt fauchée par cette accusation qui suffit à semer le doute dans mon esprit.

Je suis du reste tellement contrariée que je ne pense même pas à lui faire remarquer que lui, en revanche, ne se prive pas de faire régulièrement de bonnes petites flambées dans la cheminée quand ça lui chante. Combien de manigances de ce genre a-t-il bien pu faire, sans que je m'en rende compte ?

Carole

C'est toujours pareil. D'abord je suis déstabilisée par les faits et gestes de Jean. Puis je réagis vivement, je me mets même en colère. La raison finit par reprendre le dessus et je me répète : « Ce n'est pas si important, rien de grave, passons… » Et ce n'est en effet jamais important. Il m'emprunte systématiquement ma brosse à dents ? Je finis par partager une salle de bains avec mes enfants. Il chausse mes pantoufles et me les laisse agrandies, déformées ? J'en rachète une autre paire. Il refuse que j'installe un dressing pour ranger mes affaires sous prétexte que j'ai trop de vêtements ? Je laisse mon linge en pile, dans un coin de la chambre. Je cède, je me dis qu'il ne faut pas s'arrêter à cela, qu'il faut avancer. Mais jamais rien n'avance. Et surtout pas dans la maison, qui reste de bric et de broc.

Pourtant il continue de me surprendre. Ainsi, un soir en rentrant, je vois des échafaudages partout autour de la maison. Je m'affole : que se passe-t-il encore ? Et je vois arriver mon mari avec un pot de peinture. Il s'est acheté tout le matériel pour faire le ravalement extérieur de la maison, et a même loué une échelle adéquate et des échafaudages. Lui qui ne fait jamais rien ! Il ne m'en a bien sûr pas parlé ni encore moins demandé mon avis, alors que nous n'avons absolument plus d'argent : je viens de payer les charges, nous rentrons de vacances et l'intérieur est encore en chantier. L'autre jour encore, il m'a refusé des travaux pour cloisonner notre chambre convenablement. Je suis consternée. Je réagis avec

95

force et me fâche. Qu'est-il encore allé inventer ? Mais, une fois encore mise devant le fait accompli, je finis par me rendre à l'évidence. Je soupire et laisse passer. Après tout, honnête-ment, j'ai du mal à avoir une opinion claire sur l'urgence du ravalement. Peut-être Jean a-t-il raison. Ce doit être une bonne chose. Et puis, pendant ce temps, il se rend utile. Il fait quelque chose qui lui donne une raison d'être, même passa-gère. Moi, ça me rassure.

Quelque part, j'ai pris l'habitude d'être constamment dérangée. Lorsque Jean accepte, non sans afficher son mécon-tentement, de m'aider dans les achats pour l'aménagement, cela finit toujours par me revenir comme un boomerang. Il va récupérer la commande concernant le parquet ? Il y a un problème, c'est de ma faute, et je dois me débrouiller pour le rejoindre au magasin. Même combat avec le micro-ondes : Jean prend visiblement les mesures pour que l'on puisse placer le four dans un coin du plan de travail, il va chercher l'appareil, revient… Et ce dernier s'avère trop volumineux ! Le micro-ondes reste donc là, en plein milieu de la table de la cuisine.

Prisonnières

Carole

On l'a vu, Jean tient à moi. Jean m'aime, il m'aime énormément. Il veut que je ne sois à personne d'autre et, hors du travail ou de mes obligations, il ne me laisse jamais seule. Je considère qu'il a raison, c'est mon homme et c'est l'unique. Quand il voit un autre homme s'approcher de moi, il arrive précipitamment, il me protège : avoir un homme aussi attentif, c'est très gratifiant, très rassurant. C'est de la jalousie. Mais n'est-ce pas normal quand on aime sa femme ? C'est ce que je croyais…

Ce soir-là c'est la fête. Jean est d'accord pour que nous allions au restaurant pour mon plus grand bonheur. J'aime m'habiller. Je suis prête. Quel plaisir pour moi de sortir ! Nous choisissons un restaurant gastronomique. Une fois servie, j'ai le nez dans mon assiette, toute à la satisfaction de déguster mon plat. Je finis par lever la tête et je vois en face de moi Jean tellement livide que j'ai l'impression de voir un autre homme. Que se passe-t-il ? Je mets du temps à comprendre que quelque chose m'échappe, mais cela ne dure pas. Je l'entends me dire, le plus froidement du monde, les yeux exorbités, avec une violence contenue : « Ça suffit ! Arrête de regarder ton voisin de table, espèce de salope ! » Les bras m'en tombent. J'étais simplement en train de profiter de mon assiette, et en toute honnêteté je fais tout pour le rassurer, pour me justifier : le fait est que je n'avais même pas remarqué l'homme dont il me parlait.

Un été, mon mari est parti pour une semaine à Étretat avec les enfants. Je dois le rejoindre pour passer enfin quelques jours en famille. Je suis exténuée par une bonne semaine de travail, et quand j'arrive, comme toujours, il m'attend en bas de l'immeuble. Il m'aide alors à monter la valise. Nous prenons l'ascenseur avec un charmant monsieur. Arrivés dans l'appartement, c'est la tornade… Il hurle devant notre fille et notre fils que je n'ai aucune tenue et que je ne suis qu'une traînée. Il part en claquant la porte. Il me laisse toute seule avec les enfants. Encore une fois les bras m'en tombent. Je ne sais plus où me mettre ni quoi penser. Mais il faut que je gère la situation, que je m'occupe des enfants, eux n'ont rien demandé. Bien entendu, en espérant qu'il reviendra, je range l'appartement seule, fais le ménage, m'occupe des valises, des enfants. Je peux toujours l'attendre : il est reparti sans prévenir, et sans nous, à la maison. De retour à la maison, je veux obtenir une explication auprès de Jean. J'ai maintenant vraiment besoin de comprendre son comportement. Je suis la première à ne pas vouloir m'encombrer de discours inutile, préférant toujours être dans l'action, sans cesse rattrapée par le quotidien. Mais cette fois-ci il faut vraiment que j'arrive à ce qu'il m'explique. Que peut-il se passer dans sa tête ? Pourquoi fuir, pourquoi ne pas me parler ? Je lui ai pourtant déjà assuré que je suis incapable de regarder un autre homme. Il devrait savoir qu'il n'a

98

pas besoin de se mettre dans des états pareils. Ce n'est pas sensé.

Je laisse donc les enfants chez leur parrain pour leur éviter un nouveau drame. Mais plus je m'approche de notre domicile, plus ma volonté de nous en sortir s'effrite. Je sens un mal-être et un désespoir sans fond m'envahir. Je n'en peux plus, je me sens à bout et je pleure. Combien de fois m'a-t-il laissée en plan sans prévenir, combien de fois s'est-il déchargé sur moi, m'accusant de tous les torts ? Je me réfugie alors chez la marraine de ma fille. Celle-ci prend l'initiative de lui téléphoner pour arranger les choses. Jean me rejoint chez elle, où il fait bonne figure. Sous la pression de la marraine de ma fille, ce sera la seule fois où il admettra qu'il a exagéré. Je suis encore un peu décontenancée, mais après tout, j'ai retrouvé mon mari. J'ai le sentiment que les choses rentrent dans l'ordre. Pourtant ce n'est qu'un drame incohérent de plus, à cause d'un parfait inconnu croisé quelques secondes dans un ascenseur.

Évidemment je me rends bien compte que cette jalousie n'est pas normale. Cependant, à chaque nouvelle crise je préfère me forcer à laisser ces mauvais moments derrière moi. Je suis incapable de comprendre. C'est trop contradictoire. Certes, mon caractère enjoué et naïf prend toujours le dessus. Mais du coup je ne sens pas l'impact destructeur que ces scènes ont sur moi. Et puis le lendemain, Jean, lui, a tout oublié et peut redevenir un homme charmant et réservé. Je ne sais quoi penser.

Pourtant, dans ces moments, la violence qui le transfigure côtoie le plus grand ridicule. Le plus absurde est probablement arrivé le jour où l'on a fêté son anniversaire en vacances à Étretat. J'ai réservé le restaurant. Il fait un temps magnifique. Nous attendons les copains qui viennent de Paris. C'est l'heure, ils arrivent avec des cadeaux plein les bras. Un couple d'amis apporte un magnifique petit bouquet de tulipes jaunes achetées en passant sur le marché pour lui. Puis il ouvre ses paquets : un tee-shirt Lacoste jaune ! Le soir même, alors que tout s'est bien passé et que Jean s'est montré charmant toute la journée, dès que nous passons le pas de la porte, c'est à nouveau l'enfer. Le jaune, le jaune, le jaune : eh bien oui, il est forcément cocu ! C'est un signe, c'est un message qui émane de nos amis : c'est évident, je l'ai trompé !

Comme il lui arrive souvent dans ces moments, les yeux prêts à saillir des orbites, il s'avance vers moi en hurlant, mais ce jour-là il m'attrape à la gorge, il percute sa tête contre la mienne : « Tu vas voir, je vais t'éclater la cervelle ! » J'ai beau montrer que je ne me laisse pas faire, je suis stupéfaite. J'ai incroyablement peur de cette violence soudaine, qui a si peu de sens pour moi. Sans compter que, dans l'heure qui vient, tout semble revenir à la normale pour lui. J'ai à peine le temps de réaliser ce qui se passe mais pas celui de savoir comment réagir.

Ces scènes sont imprévisibles et au fil du temps elles surviennent de plus en plus souvent. Mais je ne veux pas me laisser gagner par la stupeur et l'effroi que j'éprouve dans ces moments. Je me dis qu'il faut aussi prendre Jean tel qu'il est. Après tout, ces accès de violence sont sans doute dus à l'enfance difficile qu'il a vécue, je ne peux en vouloir à mon mari de ce dont il n'est pas responsable.

Un soir je reviens d'un spectacle auquel participait notre fils. J'ai à peine ouvert la portière que je me retrouve face à un fou furieux : « Avec qui es-tu allée forniquer, pétasse ? » Je n'ai même pas le temps de sortir de la voiture qu'il m'attrape à la gorge, m'insultant avec une violence inouïe. Il est persuadé, une fois de plus, que je le trompe, alors que c'est lui qui a refusé d'assister au spectacle, alors que lui a passé son après-midi devant la télévision, sur le canapé usé à l'endroit où il s'assoit toujours. Plaquée contre le mur, terrifiée, j'ai juste la force et la présence d'esprit de lui dire que les conséquences seront graves s'il ose me frapper. Il me lâche alors et disparaît. Je me répète qu'il est fou, pourtant le lendemain tout redevient normal, le cauchemar est fini. J'ai alors l'impression d'avoir eu une hallucination.

Mais qui aurait pu imaginer ? En public, mon mari se montre discret et respectueux. J'ai beau protester, il répète sans cesse que je suis une fille facile. Et moi, qui suis vraiment marquée par l'éducation religieuse rigide que j'ai reçue, je suis terrifiée à l'idée qu'il puisse avoir raison. Je culpabilise comme une folle. Si nous sommes invités, je l'entends me dire avant même que nous ayons quitté la maison : « Tiens-toi bien, sinon... » Je suis choquée par ses propos, mais que lui répondre ? Je ne comprends pas et je préfère laisser passer. Une fois chez nos amis, je le sens derrière moi, sans cesse. Je suis mal à l'aise vis-à-vis de nos hôtes. Je ne peux pas profiter de ma soirée. Même si je me refuse à prendre ses menaces au sérieux, elles pèsent malgré tout. Je suis sur mes gardes, mon plaisir est gâché. Malgré tout je culpabilise.

Mon mari me dit toujours : « Toi avec ton métier, tu as un statut, tu es reconnue ! Que te faut-il de plus ? » Il dit que je suis excessive, que je ne sais pas me contenter de ce que j'ai. Je vois qu'il a raison, que j'ai un caractère à m'enflammer rapidement. Pourtant, pendant toutes ces années, je n'ai jamais ne serait-ce que songé à tromper mon mari. Je suis profondément attachée à lui. Plus il se montre jaloux, plus cela m'effraie, plus je tiens à ma fidélité. Et toutes ces années, soucieuse de donner de nous une bonne image, je continue à vouloir sauver les apparences, sauver mon couple, et préserver les liens avec les autres sans qui je ne pourrais pas tenir.

Amélie

Il est parfois question lors de nos discussions d'avoir un pied-à-terre en France pour les vacances. Cela permettrait à Dorian de pratiquer ses loisirs et à moi de retourner un peu dans mon pays d'origine. Nous en parlons assez souvent, c'est un peu un rêve pour lui comme pour moi. Mais rien ne se concrétise, surtout que nos finances ne nous le permettent pas vraiment. Dorian évoque aussi la possibilité d'un appartement à la montagne, ce qui me paraît sans intérêt, car nous n'en profiterions pas assez. Il est vrai que tous les ans Dorian part à la montagne, hors vacances scolaires, pour skier avec des connaissances de travail, cependant ce ne serait pas une raison suffisante.

Un jour, alors que Dorian séjournait à la montagne, je reçois un coup de fil de lui m'annonçant avec fierté qu'il vient de faire une offre pour un chalet, laquelle avait été acceptée aussitôt. Je suis d'abord soufflée, puis très vite je me sens partagée. D'un côté cela devrait être une belle surprise, mais de l'autre j'ai été exclue du projet et Dorian, une fois de plus, ne m'a pas demandé mon avis. J'aurais pourtant aimé faire cette démarche à deux, en tant que couple. Cela ne peut donc pas me réjouir totalement.

Avant la signature de l'acte de vente, Dorian m'annonce qu'il va à la banque négocier l'emprunt pour le chalet. « Ce n'est pas la peine que tu viennes, me dit-il, ce sera barbant pour toi. Je m'en charge. » J'ai à m'occuper des enfants, je le laisse donc gérer ses affaires.

Pour couronner le tout, il se met en tête que nous pourrions nous y installer définitivement dans un avenir proche. Je m'y oppose fermement. Dès lors il se plaint à qui veut l'entendre : « J'ai acheté un chalet à ma femme, et maintenant elle n'en veut même plus ! » Et voilà que je passe aux yeux des autres pour une ingrate impossible à satisfaire, tandis que lui se montre si généreux à mon égard. De plus, j'apprendrai plus tard que Dorian a hypothéqué notre maison pour cet achat, sans m'en parler.

Pourtant ce n'est ni la première ni la dernière fois que mon mari me cache ses démarches pour notre foyer, et même qu'il se sert de moi pour arranger ses finances.

À partir du moment où notre petite dernière rentre à l'école, je décide de reprendre une activité professionnelle à temps partiel, et ce malgré le discours contradictoire de Dorian. En privé, il refuse que j'aie un emploi, et en public, devant nos amis, il laisse entendre qu'il souhaiterait que je travaille… Eh bien soit, je vais exaucer ce second vœu ! Dorian ne s'y oppose pas formellement, mais très vite je m'aperçois qu'il entend bien que je continue d'assumer toutes mes corvées domestiques comme avant. Ainsi commence pour moi une longue et stressante année, ponctuée de trajets, de tâches ménagères, de soirées passées avec les enfants et de nuits écourtées par la préparation de mon diplôme. Je réussis malgré tout, galvanisée par l'idée de retrouver un peu de liberté et je commence ma nouvelle activité.

Quand je reçois ma première feuille de déclaration de revenus, mon mari propose sur-le-champ que son comptable s'en charge : « C'est son boulot, ne t'embête pas avec ça. Et de toute façon, ça évitera d'accumuler inutilement les papiers dans la maison. » Il est vrai que j'ai horreur de la paperasse, cela m'arrange plus qu'autre chose. Du reste Dorian a toujours voulu prendre en charge les factures, les assurances et autres papiers liés à la maison, qu'il conserve dans son bureau. Cela va jusqu'à inclure les passeports de nos filles, et même toutes mes propres fiches de paie.

© Groupe Eyrolles

Mais cela ne s'arrête pas là. Quand Dorian a mis sur pied son entreprise, il a fait en sorte que les enfants et moi soyons actionnaires, de cette façon il réduit considérablement ses impôts. Chaque année, il m'appelle au tout dernier moment pour que je vienne rapidement signer ma feuille de déclaration de revenus dûment remplie par ses bons soins. « C'est urgent, cela doit partir demain matin au plus tard pour éviter des pénalités ! Tout est déjà rempli, tu n'as qu'à signer à cet endroit ! » me dit-il en me montrant des croix sur les pages. Tout a l'air d'être en ordre, je signe donc, confiante.

Cependant, un jour, j'ai besoin de récupérer des documents relatifs à mon salaire. Je me rends au bureau et, comme mon mari est absent, je demande au comptable où ils se trouvent. Il m'indique un classeur, que je consulte aussitôt. En plus de ce que je cherche, je tombe sur des photocopies de mes feuilles de déclaration de revenus. Mais un coup d'œil me suffit pour repérer une page affichant une somme importante correspondant à des dividendes que la compagnie m'aurait versés, puisque j'en suis actionnaire. Or je suis persuadée de ne pas avoir vu cette partie remplie au moment où Dorian m'a fait signer. Intriguée, je vérifie sur les feuilles des années précédentes et je m'aperçois qu'il en est de même : apparemment j'aurais reçu depuis une dizaine d'années une somme assez conséquente venant de la société de mon mari. Je n'en reviens pas et me demande où est passé cet argent. Je finis par réclamer des explications à Dorian à son retour. Celui-ci, imperturbable, me déclare que l'argent du ménage qu'il me donne chaque mois provient de ces dividendes. Ainsi, je ne peux pas décemment prétendre n'avoir jamais vu la couleur de cet argent. Néanmoins, à nouveau, un calcul rapide me permet de voir que la totalité de ce que j'ai reçu sur un an reste bien inférieure à la somme des dividendes inscrite sur ma déclaration de revenus. Il s'énerve aussitôt : « Le reste va tout simplement sur le compte joint, enfin ! Et puis ne t'ai-je pas acheté un chalet tout de même ? »

Mais je suis le fil de mon idée : je n'ai jamais vu de trace de ces dividendes sur le compte joint et on sait fort bien comment s'est passée l'acquisition du chalet. C'est une manigance supplémentaire et je n'arrive plus à le tolérer. Je me sens prisonnière de cette situation, comme si j'étais un pion, une marionnette qu'il manipule dans son seul intérêt, pour son bon plaisir et son enrichissement personnel. J'en ai le cœur qui se soulève, de toutes ces années de restrictions qu'il m'a imposées alors que, de toute évidence, il avait largement les moyens de nous offrir une vie plus confortable. Et dire que, pendant tout ce temps, j'attendais que notre quotidien s'améliore, comme il nous le promettait sans cesse ! Alors que nous aurions pu être plus à l'aise ! Voilà pourquoi il refusait que je travaille tout en nous rabâchant que notre budget était trop juste !

Je suis vraiment écœurée et je vois à quel point mon mari est un homme tordu, qui a abusé de ma confiance. De plus en plus je n'ai qu'un seul désir, celui de me libérer de Dorian. Mais je n'arrive pas à franchir le pas, je me dis que mon devoir est de me consacrer à mes filles, qui elles, n'y sont pour rien. Je n'ai pas le droit de les priver de leur père. En attendant je dépéris.

Mathilde

Vu de l'extérieur, j'ai tout pour être heureuse : un mari qui gagne bien sa vie, une grande maison toute neuve, deux petits enfants en bonne santé. J'ai la chance de pouvoir vivre à l'étranger dans un pays que j'apprécie et j'y ai même trouvé un travail à mi-temps qui me permet de sortir de mon rôle de mère au foyer. Nous donnons à tout notre entourage l'image d'un couple réussi.

Le soir, lorsque Frédéric regarde la télévision et que je me retrouve seule dans la chambre, il m'arrive de téléphoner à Emmanuelle, une amie de Paris avec qui je suis restée en contact. L'entendre parler me fait un bien fou. Elle me rassure : « Tu as de la chance que ton mari t'empêche de t'empiffrer, il veut que tu restes belle, il te regarde lui au moins. » Peut-être a-t-elle raison. Je passe de longues minutes à l'écouter parler : comme moi, elle connaît des déceptions dans son couple. Son mari est une crème, mais il n'est jamais là et il ne comble pas ses désirs de femme. Elle me dit alors qu'elle cherche un amant, et qu'elle partira une fois que ses enfants seront plus grands. Parce que, finalement, elle n'a pas besoin d'un homme pour vivre, pas plus que moi. Elle ne se doute pas de ce que je vis et je ne le lui dis pas. Cependant, au fond de ma tête chemine l'idée que peut-être, comme elle le dit, je n'ai pas besoin de mon mari pour vivre et que je suis une femme plus solide que je ne le pense…

Comme Emmanuelle, les collègues et amies que je rencontre en dehors de chez moi semblent m'envier : « Tu as de la chance d'avoir un mari qui sait faire régner l'ordre à la maison ! » Ces paroles me réconfortent, car au fond de moi-même, je sens bien que mon mari est un peu plus qu'autoritaire, mais je ne veux pas me l'avouer. C'est que, sans savoir trop pourquoi, j'ai honte, et j'ai peur. Je suis tout le temps sur le qui-vive, me sentant contrôlée, jugée, dévalorisée. Et puis il faut bien dire que je redoute ses réactions : je sais qu'il peut frapper, et fort. C'est loin d'être quotidien, mais par moments cette violence suinte, elle est palpable, visible dans son seul regard. Et qui pourrait le croire ? Il est si charmant, et je l'aime tant. Devant mes amis soit je ne montre que la beauté de notre relation, soit je me tais.

Cependant, je sais de quoi il est capable. En effet, un soir, lorsque nous sommes encore en France, et que je suis à sept mois de la grossesse de mon fils, nous venons de nous coucher. En me tournant, j'effleure légèrement du pied son mollet. Mais Frédéric semble prendre ce geste anodin pour une agression. Sans mot dire il se met à me rouer de coups, sans se soucier de savoir où il frappe, alors que je suis enceinte. Je me recroqueville sur moi-même, incrédule, et j'attends qu'il se calme. Cette scène se reproduira dès que, enrhumée ou grippée, je le gênerai dans son sommeil. Je déciderai donc, apeurée, d'aller dormir sur le canapé dès que j'aurai le sentiment de le déranger. Et le lendemain matin, à l'aube, je rejoindrai le lit conjugal, dans la hantise que les enfants puissent découvrir que leurs parents ont fait chambre à part. Naïvement, je cherche même à préserver un semblant d'image auprès d'eux.

Et puis il y a les enfants. Il est indéniable que Frédéric exerce de l'autorité sur eux. Il est sévère et exigeant et veut le meilleur pour sa progéniture. Il me répète que le monde dans lequel nous vivons est dur et qu'il faut les blinder. Je me dis qu'il a sûrement raison. Mais je le trouve excessif. J'essaie souvent de lui faire part de mon opinion mais, chaque fois que je tente d'avoir cette discussion, il me rabroue : « Arrête de faire la psychologue à deux sous. » Et s'il décide de me convaincre par des arguments, je dois bien dire qu'il me persuade toujours, tant son raisonnement me paraît à chaque fois sans faille. Quoi qu'il arrive, il finit toujours par me persuader, il semble si cohérent et moi je me sens tellement limitée à côté de lui.

Mon fils, âgé de cinq mois, dort dans son lit de bébé dans notre chambre. Une nuit, son père, ne supportant pas les pleurs du petit, se lève et le met sur son matelas à langer à même le sol dans la salle de bains. Puis il ferme la porte. Je ne dois pas me lever pour aller le consoler. « Toi, reste là, sinon je te frappe », me dit-il. Je sais qu'il le fera. Je suis terrifiée, je suis comme ligotée par la peur. Je me sens aussi impuissante et fragile qu'une enfant. Je me recroqueville alors dans mon lit et me mets l'oreiller sur la figure, ne pouvant qu'écouter la gorge nouée en silence les sanglots de mon bébé jusqu'à m'endormir d'épuisement.

La plupart du temps, les manifestations de son autorité sont plus violentes. Quand le bébé pleure, Frédéric va directement au berceau. Je ne peux plus bouger, pétrifiée, et j'entends les claquements des coups, tandis que mon fils hurle de plus belle. Son père revient, satisfait de lui, et comme soulagé. Moi je sanglote, vidée, anéantie, ne sachant plus quoi penser, ne sachant plus où j'en suis. Il est vrai que mon mari a besoin de dormir, car lui a une activité professionnelle, comme il me le rappelle très souvent, et il ne veut pas avoir le sommeil perturbé… À chaque fois, au matin, tout revient à la normale et la vie continue comme si de rien n'était. Je me dis par ailleurs que les enfants vont grandir, que tout cela finira par se tasser.

Mais sa vision de l'autorité demeure la même en toutes circonstances, et même pour des faits anodins.

À l'époque en Italie, pour un Noël, ma fille reçoit un joli livre illustré. Son frère, qui n'a que trois ans et demi, prend le livre et déchire une page. Les enfants se disputent et je n'ai pas le temps d'intervenir que déjà leur père, dérangé par leur agitation, se jette sur eux, attrape mon fils comme un lapin et le frappe violemment en lui hurlant dessus, comme il a déjà pu le faire. Frédéric ne cherche pas à comprendre ce qu'il s'est passé mais je vois bien qu'il ne se contrôle plus. Je tremble de peur et finis par prendre mon fils dans mes bras, en lui expliquant que son père est fatigué par sa dure journée de travail. Ce genre d'épisode est tellement courant que je ne pense qu'à gérer la situation au coup par coup, espérant toujours que ces scènes ne se reproduiront plus. Mais elles ne s'arrêteront jamais.

Un autre jour, ma fille fait tomber par mégarde une cuillère de soupe sur la nappe plastifiée. Son père, comme toujours, réagit si vite que je ne vois rien venir. Il la saisit alors violemment par la joue droite au point de la soulever de sa chaise en la menaçant avec des yeux sortant de la tête : « C'est toi qui as fait ça !!! » Elle éclate en sanglots, nous sommes tous tétanisés. Paralysée de peur, je ne peux intervenir. Je sais qu'il est capable de m'humilier ou de me frapper devant les enfants si je réagis et je suis constamment tiraillée entre le besoin de protéger mes enfants et l'envie de calmer Frédéric, pour que tout cela cesse. Et c'est chaque fois la même chose.

Même quand les enfants auraient besoin d'être réconfortés, son autorité s'applique encore. Ainsi, lorsque notre fils tombe dans les escaliers, son père le soulève violemment par le pull et le frappe très fort sur les fesses, en lui hurlant : « Tu dois te tenir à la rampe ! » Pourtant, aussitôt après l'avoir frappé, il lui applique un gel calmant et le câline en père aimant dans ses bras. Il ménage tant le chaud et le froid que je ne sais plus quoi penser.

Malgré la peur, je dis à Frédéric qu'il ne doit plus les frapper. À cela, il réplique encore une fois qu'on vit dans un monde dur et qu'il faut blinder les enfants. C'est dans ces moments-là que je me raisonne : c'est un père dur, qui a des principes, mais je vois bien qu'il aime ses enfants et c'est pour moi l'essentiel. J'arrive toujours à positiver, à retenir le meilleur, et c'est ce qui fait aussi que je passe l'éponge sur ce qui me semble être des sautes d'humeur. En fait, il joue sans cesse sur deux tableaux à la fois en ménageant la cruauté et la gentillesse l'instant d'après : je t'aime, je te hais. Je suis ébranlée dans tous mes points de repère, submergée par l'intensité des émotions et la confusion que j'éprouve. Dans mon esprit, c'est le chaos, et c'est aussi ce que je lis dans les yeux de mes enfants. C'est donc cela la normalité ? Je n'ai plus de repères, je sais juste que mon mari est pour nous une sorte de pilier, fort et intransigeant.

Je marche dans les rues de ma ville et lève les yeux sur des panneaux publicitaires italiens montrant une femme défigurée par les coups et dénonçant la violence conjugale. Sous l'image se trouve un numéro pour les femmes battues. Je me contente de la plaindre, sans penser un seul instant que je suis concernée par le problème et que ce numéro peut m'être utile. Mon mari ne me bat pas, j'ai toutes mes dents et aucune côte cassée : c'est juste qu'il est un peu impulsif et ne se contrôle pas toujours quand il est fatigué… Ce ne sont occasionnellement que des bleus, pas forcément visibles. Non, je n'ai rien à voir avec cette pauvre femme, victime d'un rustre, d'un ivrogne, d'un malade… Mon mari, lui, a de la tenue, de la poigne, de la volonté. Ce n'est quand même pas pareil, il ne se sert pas de ses poings à tout bout de champ. Et puis mon mari a une certaine éducation, un certain niveau social. Ainsi, mes préjugés sociaux sont une barrière supplémentaire qui me voile la face : cela ne peut pas se passer ainsi chez moi, cela ne peut pas m'arriver. C'est d'autant plus insensé que, la plupart du temps, Frédéric sait montrer le meilleur de lui-même aux autres. Tout le monde l'aime… Encore une fois, qui me croirait ?

Un jour de juillet cependant, alors que nous sommes en vacances en France chez mes parents, nous nous apprêtons à déjeuner car il est presque midi. Nous revenons du marché. Je porte mon petit garçon dans les bras. Il pleure, il a faim.

Excédé, son père lui assène un grand coup de poing dans le dos. Ma mère, qui marche à mes côtés, est totalement horrifiée et pousse un cri. Elle ne peut pas s'empêcher de lui faire une remarque. Il ne relève pas et ignore ma mère. Et moi, c'est le chaos dans ma tête. Je suis prise dans des sentiments contradictoires et obscurs : à la fois je redoute que Frédéric ne s'attaque à ma mère et en même temps j'ai tellement honte. Au nom de la seule fierté, dérisoire, qui me reste, je ne veux pas que ma mère découvre la vérité sur le quotidien que je vis avec Frédéric.

Ces tiraillements perpétuels me paralysent totalement, me rendent inerte et m'enlèvent toute capacité à réfléchir et à agir. Face à Frédéric je me retrouve emprisonnée dans tout un tas d'états d'âme paradoxaux : la peur, le dévouement, la honte, la colère, la pitié, l'espérance, l'empathie, la culpabilité, le désespoir, l'incompréhension. Et pendant que je peine à me ressaisir, perdue dans tous ces tourments invraisemblables, Frédéric, lui, s'arrange toujours pour qu'à mes yeux chaque moment de violence soit minimisé et justifié, inscrit dans un mode de fonctionnement banal. Je cherche à comprendre, à mettre le doigt sur ce qui ne va pas. Je me rends à la bibliothèque en secret et j'y lis des ouvrages sur la paranoïa. Parce que je suis paranoïaque, n'est-ce pas ? C'est cela l'explication ?

Amélie

Dans notre maison typiquement irlandaise, nous avons une petite chaîne hi-fi et, depuis un bon bout de temps, nous avons une très mauvaise réception. C'est inexplicable, l'appareil marchait très bien auparavant. Serait-ce les câbles électriques au-dehors ou autre chose qui viennent brouiller les ondes ? Dorian ne sait pas pourquoi non plus.

Finalement il faut faire venir quelqu'un pour élucider ce mystère. Deux messieurs viennent avec des appareils qui font bip-bip mais ils ont du mal à trouver et ne cessent de nous encourager à vérifier chaque prise, chaque appareil électrique… Je suis assez occupée avec mes enfants donc je laisse le soin à Dorian de vérifier les lampes à l'étage. Puis, je reviens au salon juste au moment où Dorian tient une prise de téléphone dans sa main avec un petit ricanement légèrement penaud : « Ah ! s'exclame-t-il, j'avais complètement oublié que c'était resté là ! »

Devant les messieurs, il est quand même obligé de fournir une petite explication : en fait c'est un micro espion qu'il avait mis dans notre prise de téléphone pour lui permettre de surprendre les conversations téléphoniques. Autrement dit, notre téléphone était sur écoute. À mon intention, semble-t-il, il s'empresse de se justifier : en fait, son fournisseur allemand devait lui rendre visite pour signer un contrat et parfois il venait chez nous prendre l'apéritif ou même dîner.

Sachant que le fournisseur en question passerait des coups de fil avant de signer le contrat, Dorian avait « besoin » de savoir ce qu'il dirait au téléphone et avait soi-disant fait de même à son bureau, comme si ce détail supplémentaire pouvait justifier son action. Je suis abasourdie. Le fournisseur en question est venu à la maison pour signer ce fameux contrat il y a des années. Depuis tout ce temps, j'étais donc espionnée ? Je ne peux m'empêcher de penser que ce n'est qu'un prétexte sans fondement.

Et non seulement il s'était bien gardé de me prévenir de son acte douteux, mais Dieu sait combien de temps le micro espion en question était resté là. Et on s'en doute, il n'avait pas plus averti ses employés au bureau… Peu à peu, il me revient à l'esprit que, lors de disputes, Dorian m'avait fait des remarques du style : « Oui, oui, je sais bien que tu penses que je ne suis qu'un sale égoïste ! » ou encore : « Je parie que tu racontes partout que je ne fais jamais rien pour aider à la maison ! » Ces réflexions me laissaient assez perplexe car il m'arrivait effectivement de me plaindre de lui en ces termes à mes amies lors de conversations téléphoniques. C'était comme s'il avait surpris mes conversations, à moins que l'une de mes filles ne m'ait entendue et le lui ait innocemment répété. Cela me donnait le sentiment d'être obscurément surveillée. Et du coup je me surveillais davantage moi-même.

Mais bien sûr, Dorian nie m'avoir espionnée de la sorte. Quand j'essaie de faire le point avec lui pour savoir s'il avait écouté mes conversations téléphoniques, il ne veut rien entendre, se fâche en disant qu'il n'y a pas de quoi en faire une salade, me tourne systématiquement le dos et quitte la pièce. Une fois de plus Dorian s'est révélé intrusif et tordu. Je suis révoltée.

Carole

Un soir, toute contente, j'arrive les bras chargés de paquets. À table, toute guillerette, je raconte ma journée aux enfants. Tout à coup, un poing jaillit au-dessus de la nappe et percute l'assiette, qui vole en éclats. Jean est furieux et comme d'habitude la colère transfigure son visage. Il a les yeux qui sortent des orbites. Il braille : « Votre mère n'est qu'une dépensière, elle fout tout notre argent par la fenêtre ! Si ça continue comme ça, vous irez bientôt à la DDASS ! » J'ai très peur, tant je suis surprise par cette réaction violente et comme toujours complètement inattendue. Je pars en courant me réfugier chez la voisine. Mais une heure après, Jean vient me chercher, tout gentil. Tout est revenu à la normale. Je sens confusément qu'il a peur de me perdre. Et comme je suis soulagée que la crise soit passée, je ne dis rien.

Pourtant, c'est à chaque fois le même cycle infernal. À chaque fois que je prends l'initiative d'embellir notre quotidien, Jean trouve quelque chose à redire. Y compris lorsque nous partons en vacances. J'ai pourtant tout essayé : montagne, campagne, villages vacances, randonnées, séjours au ski et même séjour à bord d'une péniche… Rien ne convient à mon mari. Je ne m'imagine pourtant pas prendre des vacances sans lui, c'est mon mari, je ne peux pas faire comme si j'étais seule. Et puis, jaloux comme il l'est, il ne me laisserait pas faire.

Je rêve d'un séjour à l'étranger mais cela est impossible : Jean a peur de l'avion. Sans compter le prix exorbitant du billet et l'impact du kérosène sur l'écologie ! Un jour, pourtant, j'arrive à trouver des billets pour nous quatre à un prix défiant toute concurrence. De plus, il nous suffit de traverser la Méditerranée, le trajet ne sera donc pas long ! Jean est furieux, il commence par me traiter de folle puis, finalement, accepte de partir en râlant. Lorsque nous arrivons, je suis aux anges. Il fait beau et chaud, je ne cesse de m'enthousiasmer sur les alentours colorés et l'agitation de la ville. Mais très vite, mon plaisir est gâché. Jean dénigre tout : le pays, ma façon de faire, les endroits que nous visitons. Malgré mon envie de profiter du pays, je tente donc de rattraper mon temps de sommeil, à la place. Cela ne convient pas non plus à Jean, qui ne supporte ni mes siestes ni mes grasses matinées. Quoi que je fasse, je suis coincée.

Les mots du corps

Carole

Après la naissance de mon fils, je décrète qu'il est temps pour moi de reprendre une activité physique… Je sens mon énergie déborder ! Je commence par ailleurs à avoir un peu plus de temps grâce à mes collaborateurs qui m'aident beaucoup. Je me fais une joie de reprendre le tennis ! Au début je me trouve très rouillée, cela fait longtemps que je ne pratique plus de sport. Qu'à cela ne tienne, je ne fais pas attention à la douleur. Pourtant elle est grandissante. J'ai d'ailleurs de plus en plus de mal à marcher correctement. Je passe donc des examens et le diagnostic tombe : je suis atteinte d'une coxarthrose, certaine-ment d'origine congénitale. Il n'y a plus de cartilage au niveau de l'articulation de la hanche, et la douleur que je ressens provient du frottement d'un os sur l'autre. Le chirurgien m'explique que la seule solution est de m'opérer, mais cela crée chez moi une grande inquiétude. Mon fils n'est encore qu'un bébé et ma fille aînée bien petite. Et je ne me sens pas de laisser mes enfants sous l'entière responsabilité de mon mari. Sans compter qu'avec une profession libérale, je n'ai pas envie d'être absente, même pour me faire soigner : je suis toujours très endettée et, si je ne travaille pas, l'argent ne rentrera plus.

Je préfère donc reporter l'opération, d'autant que Jean n'aime pas non plus l'idée que je me fasse opérer.

Mon état s'aggrave mais je ne m'en rends pas compte, j'ai trop à faire. Je suis dans le tourbillon du quotidien, et l'absence de situation professionnelle de mon mari me tracasse toujours. Au supermarché je me laisse porter par mon chariot, tellement j'ai mal. Je réduis toutes mes activités pour limiter la douleur, de plus en plus forte. Un jour, un de mes amis s'exclame en me voyant : « Mais tu boites ! » Je m'étonne, je ne m'en rendais pas compte. Personne avant ne m'en avait fait la réflexion, pas même mon mari qui me voit au quotidien.

Un matin, en rentrant dans mon cabinet, j'aperçois ma démarche dans le miroir de l'entrée. Je ne comprends pas tout de suite qu'il s'agit de moi. J'ai un choc : « C'est moi, là, cette silhouette claudicante ! » Je n'avais pas réalisé. Je me sens vraiment diminuée, je sens bien aussi que la douleur m'empêche souvent d'avoir l'esprit clair. Mais l'opération me laisse toujours réticente et je continue à tout porter à bout de bras : ma famille et mon travail. Qui d'autre le fera à ma place, sinon ?

Comme j'ai insisté pour sortir, nous allons avec Jean au cinéma. À la sortie, je vis un véritable blocage. Ma tête veut avancer, mais ma jambe ne peut plus. J'ai très mal et toute ma volonté ne suffit plus. Impossible de faire un pas. Les gens passent autour de moi. Jean, lui, est déjà devant. Je l'appelle pour lui demander de me donner le bras, je hurle même, voyant qu'il ne semble pas m'entendre. Mais il continue son chemin, et je me retrouve seule, à la sortie du cinéma, plantée là, à attendre que ma jambe se débloque. Quand je lui demande, plus tard, pourquoi il n'est pas revenu vers moi, mon mari m'avoue qu'il a eu honte : il ne voulait pas se montrer aux côtés d'une boiteuse. Je suis mortifiée, je me dis que je suis tombée bien bas. Cependant, il me faudra gâcher nos prochaines vacances entre amis pour que je me décide. Nous sommes en Grèce, au bord de l'eau, il fait un temps splendide. Je vois Jean et nos amis partir en visite… Sans que je puisse les suivre. Je passe ma semaine aux terrasses de café, à me pincer la jambe tant la douleur est forte. C'en est trop, je dois réagir : après avoir ignoré ma douleur pendant dix ans, je prends donc la décision de me faire opérer.

Avant mon opération, mes amis ont voulu m'organiser un repas. À table, on blague et on parle de mon opération. Mon voisin souligne que je vais avoir une nouvelle vie. C'est la parole de trop. J'entends soudain Jean s'écrier : « Espèce de salaud ! » Je me tourne vers lui : il est debout, les mains à plat sur la table, penché en direction de mon voisin, les yeux rouges de fureur. De sa bouche sortent des propos offensants, vulgaires, insultants envers cet ami et moi-même, et totalement incohérents. Non seulement je suis choquée, mais en plus je ne comprends pas : mon mari devrait se réjouir de ne plus me voir souffrir, ou du moins de ne plus me voir boiter, puisqu'il a honte de moi avec ce handicap. Je me lève et le somme de s'arrêter. Nous sommes tous pétrifiés, abasourdis. C'est le silence. Un de nos amis essaie de relancer la conversation, mais le cœur n'y est plus.

Enfin arrive le jour de l'opération, durant laquelle on me fait une greffe osseuse. Heureusement tout se passe bien. Le lendemain, de retour dans ma chambre d'hôpital, j'attends Jean et les enfants avec impatience. Mon mari m'a dit qu'il viendrait avec eux, et je me réjouis à l'idée de les voir. Mais j'ai beau attendre, ils ne viennent pas. J'en pleure. Heureusement, à ma demande, mes amis me promettent d'amener les enfants le lendemain.

Je me remets peu à peu, trop heureuse que l'opération ait aussi bien réussi. J'ai des béquilles et ne dois pas mettre le pied à terre pendant quarante-cinq jours. Je vais tous les jours au centre de rééducation. C'est ma fille, alors âgée de treize ans, qui m'aide et me prépare mes habits tous les matins. Quelques semaines plus tard, c'est la guérison totale : je peux marcher comme avant, comme il y a dix ans ! J'imagine alors que c'est un nouveau départ pour nous ! Je vais enfin pouvoir revivre, avoir une vie normale, tout simplement ! Mon mari redécouvre une nouvelle femme, qui peut faire les courses de façon autonome, et même faire les magasins !

En effet, il m'apparaît que j'ai perdu le goût de m'habiller. À la maison je revêts de vieux vêtements, parfois informes et troués, y compris dans l'intimité de la chambre conjugale. Il faut bien dire que Jean et moi nous sommes éloignés et que je n'ai guère envie de susciter un rapprochement. Je ne me sens pas femme auprès de lui. Comment le pourrais-je, alors qu'il m'insulte quotidiennement ? « Fêlée, hystérique », « Va te faire soigner », « La ménopausée ». C'est ainsi que mon mari m'interpelle la plupart du temps. Sur ma session d'ordinateur, il a même entré « la sorcière » pour tout descriptif. Cependant, cette opération réussie me redonne de l'énergie. Je peux peut-être encore changer la donne ? Ainsi, dans les jours qui suivent et poussée par mes amis heureux de me voir revenir à la vie, je décide de renouveler complètement ma garde-robe. J'arrive avec un nouveau manteau, rose pétant ! Personne ne l'apprécie à la maison mais sur le moment cela m'est égal, je suis heureuse de m'être fait ce cadeau, symbole d'une nouvelle vie où mon corps ne souffre plus.

Amélie

On ne peut pas dire que mon corps reste sans s'exprimer. Malgré tout, je suis si occupée à courir que je ne m'en aperçois pas toujours. Au fur et à mesure du temps qui passe, alarmée par une fatigue constante et sur les conseils de mon psychothérapeute, je décide de m'aménager quelques moments de bien-être.

Il m'arrive couramment d'avoir mal au dos et je m'arrange pour aller quelque fois chez une de mes voisines, qui est masseuse. Sur le coup cela me fait du bien, d'autant que je partage avec elle certains de mes petits tracas. Kiné, ostéopathe, chiropracteur, je fais le tour des praticiens existants pour faire disparaître les torticolis et les tendinites auxquels je suis sujette. Le moins que l'on puisse dire, c'est que je suis tendue ! C'est d'ailleurs ce que me renvoient les médecins, régulièrement. L'un d'eux me fait un jour la réflexion que

« c'est le monde entier » que je porte sur mes épaules. C'est effectivement la sensation que j'ai... Surtout lorsque Dorian est à la maison. Parce qu'il me faut bien reconnaître que je suis bien plus décontractée quand il est absent.

L'année où je fais une formation à plein temps pour passer mon diplôme est intense en émotions. En effet, il me faut bien rattraper le temps passé à l'extérieur et celui de la préparation aux examens pour continuer à assurer l'intendance, pour être présente auprès de mes enfants. La nuit devient mon alliée, mon souffle, ma nourriture. C'est comme si je ne vivais que lorsque Dorian est enfin endormi. À ce moment-là je peux travailler à mon avenir, lire les romans qui me permettent de m'évader, prendre du temps pour moi. Ce manque de sommeil finit tout de même par engendrer des conséquences physiques notables. Trois molaires fêlées, des poussées de psoriasis : « tout cela à cause du stress », me disent les spécialistes que je consulte.

Mes défenses immunitaires semblent être au plus bas, on me découvre des cellules anormales, considérées comme étant à un stade précancéreux. Il me faut donc subir deux interventions, la deuxième sous anesthésie générale car la première n'a pas marché. Ce n'est pas là mon seul ennui puisque très tôt, trop tôt, j'apprends que je suis ménopausée. Je suis mère de quatre filles et ne comptais de toute façon plus avoir d'enfants, la nature est donc bien faite. Pourtant, je ne peux m'empêcher de penser que cette réaction du corps est en lien avec ma féminité.

Pour tout dire, je passe plus de temps à me dérober à Dorian qu'autre chose. Lorsque je pars dans la salle de bains, je ferme la porte à clé et en ressort habillée des pieds à la tête. Le soir, je fais également en sorte de me déshabiller hors de la vue de mon mari. Pour dormir, j'enfile ma « housse à poussière » comme l'appelle Dorian, une longue chemise de nuit en tissu épais, bien que je supporte mal d'être engoncée dans quoi que ce soit lorsque je suis dans mon lit. Et bien souvent j'attends que Dorian soit endormi pour aller me coucher à mon tour, en prenant bien soin de rester sur mon côté du lit, sans le toucher.

Mathilde

Mon dos me fait souffrir, constamment. Une douleur s'est logée au bas de mes lombaires et semble ne pas vouloir partir. Je prends plusieurs séances chez le kiné, espérant que ses massages me feront du bien. Je m'y rends pendant la journée, lorsque Frédéric est absent, et je confie les enfants à leur baby-sitter. Pourtant, je n'arrive pas à me détendre. Je culpabilise de prendre du temps pour moi et de délaisser mes enfants. À quoi cela sert-il de m'occuper de mon corps ? N'ai-je pas autre chose à faire ? De toute façon, la douleur reste là.

C'est comme si mes larmes s'étaient arrêtées au bas de mon dos. Comme lorsque mon père est mort et que je n'ai pas su pleurer, que je n'ai réussi qu'à me tenir le bas du dos des deux mains tant il me faisait mal. De toute façon je ne peux pas verser de larmes, c'est interdit, c'est faire preuve de faiblesse. Parce que quelques jours après l'enterrement de mon père, quand je me suis finalement laissée aller à mon chagrin, un soir dans ma cuisine, Frédéric a été formel : « C'est bon, tu ne vas pas pleurer toute ta vie… Il n'avait qu'à pas manger si gras… Il l'a cherchée, sa crise cardiaque, ton père ! » Ce soir-là j'ai ravalé mes larmes, pour continuer à pleurer à l'intérieur, pour ne pas me montrer si fragile aux yeux de mon mari.

En fait, je suis comme ma maison. De l'extérieur, cette dernière est claire et impeccable certes, mais déserte et froide avec ses murs blancs, son carrelage immaculé, vide de tout objet personnel. Elle est éteinte, comme moi. Sur les injonctions de Frédéric, je me couvre de crèmes luxueuses. Il serait terrible que je sois marquée par les vergetures, il ne le supporterait pas. Il m'a même accompagnée chez le gynécologue, lors de ma deuxième grossesse, pour demander le meilleur conseil possible en matière de crème miraculeuse. Il n'a pas entendu que j'étais une femme, une mère, et que mon corps garderait les marques de mes transformations. De la même façon, après chacun de mes accouchements, Frédéric m'a payé une thalassothérapie pour me remettre en forme. Parce que je dois être belle, parce que je suis sa femme.

Cela devrait me faire plaisir de me sentir chouchoutée, choyée. Seulement, mon corps ne m'appartient plus. C'est à lui qu'il appartient. Parfois je voudrais me soustraire à ce corps encombrant, ce corps qui n'est jamais assez beau pour lui. « Tu es grosse, moche, flasque, t'es bonne qu'à faire des gosses », « Tu es pleine de vergetures », « Tu manges encore des chocolats, avec ton gros cul ? », c'est ainsi que mon mari me voit, qu'il me décrit dans ses moments de colère.

Il use de mon corps lorsqu'il en a envie et je le laisse faire. Dans ma tête, en fond sonore, une phrase tourne en boucle : « Il ne sait pas qu'il fait l'amour avec la mort. » Cela fait bien longtemps que mon désir s'est envolé, à force d'être nié. Lorsque je vais me coucher le soir, j'enfile toujours une culotte et un pyjama. Je ne revêts d'autres tenues que si mon mari me le demande. Je pars toujours me coucher avant lui, le laissant à son film du soir pour aller lire dans notre lit, de mon côté. Je prends garde à ne pas prendre de place, étendue au bord du lit et lorsque j'entends mon mari arriver, j'éteins la lumière, je fais semblant de dormir. Je ne veux pas le déranger, et dans le fond, je ne veux pas non plus qu'il me dérange.

Trop, c'est trop !

Amélie

Depuis que je retravaille et voyant que je lui échappe petit à petit, Dorian, de son propre chef, propose que nous allions consulter une conseillère conjugale. J'accepte sans grand entrain. La vérité, c'est que je n'ai plus envie de rien depuis longtemps, et surtout pas de sauver notre couple. Ma vie est devenue celle d'un automate tenu par les tâches quotidiennes, par le sens du devoir… Et puis, il faut bien vivre. Je suis passée à côté de ma vie, et je m'y suis résignée. Or, dès la première séance, la thérapeute me regarde dans les yeux avec bienveillance et me dit : « Je ne suis pas là pour vous faire rester ensemble, mais pour essayer de faire ce qu'il y a de mieux pour chacun d'entre vous. » À ces mots, comme si une immense digue se brisait en moi et me libérait, je m'écroule en sanglots, pleurant tout au long de la séance.

Dorian au départ est confiant, pensant que notre problème de couple vient de ma dépression. De toute façon on dit bien que, dans un couple, c'est celui qui veut consulter qui va le moins mal. Pourtant il devient vite évident que je ne suis pas forcément la seule à blâmer. Il arrive assez souvent que la psychothérapeute mette Dorian sur la sellette, notamment pour remettre en question ses comportements au quotidien. Il s'emporte alors violemment contre la conseillère : « Vous êtes en train de vous liguer avec ma femme contre moi ! » Mais notre psychothérapeute, elle, reste imperturbable.

Lorsque j'évoque, par exemple, le fait que mon mari laisse ses vêtements sales s'empiler systématiquement au pied du panier de linge et refuse de faire l'effort de les ramasser et de les mettre dans le panier, la conseillère m'invite à le laisser faire jusqu'à ce qu'il n'ait plus de linge propre. Ainsi, dit-elle, il sera bien obligé de s'en occuper. Elle me donne le même conseil concernant les gros sacs d'affaires de planche à voile mouillées, pleines de sable et de sel que Dorian laisse négligemment et systématiquement trôner au beau milieu de l'entrée ou de la cuisine lorsqu'il rentre de son activité. « Laissez-les par terre, même si cela vous dérange. S'il veut réutiliser ses affaires le week-end suivant, il sera bien obligé de les nettoyer lui-même ! » La thérapeute m'invite également à m'octroyer des moments de détente, et à me créer un espace personnel au sein de la maison. Le compte joint ne doit servir qu'à nos dépenses communes : maintenant que je gagne un peu ma vie, j'ai le droit d'ouvrir mon propre compte en banque et d'utiliser cet argent pour moi.

Ainsi, je reprends peu à peu les choses en main. Malgré tout, la vie avec mon mari reste difficile. Dorian fait de la résistance ! Ainsi, par exemple, il laisse grimper la pile de linge sale, bloquant l'accès aux fenêtres, et va jusqu'à se racheter des chemises neuves lorsqu'il n'en a plus de propres. Au moins ai-je mon petit bureau, aménagé dans un cagibi attenant au salon. Connaissant les habitudes de « fouille » de Dorian, je cache mes papiers et lettres personnelles au fond d'une sacoche.

Après bien des épisodes, au bout de trois longues années de thérapie, notre conseillère suggère que Dorian se prenne un appartement pour faire l'essai de vivre séparément. L'idée m'effraie un peu mais me plaît beaucoup. Sur le chemin du retour, Dorian annonce qu'il n'est plus question de retourner chez cette thérapeute. Il me rappelle d'un ton grave que si je n'avais pas été là, à ses côtés, depuis toutes ces années, il ne serait certainement plus de ce monde. Et rien ne s'arrange, les mois passent. Je supporte comme un robot mon quotidien.

C'est la fin de l'été : une fois de plus les vacances familiales ont été assujetties et gâchées par les *desiderata* de Dorian, obsédé par sa planche à voile. Je ne peux plus supporter ce genre de situation, j'en ai assez de céder aux caprices tyranniques, et en réalité infantiles, de mon mari. Dès septembre, je me dis qu'il faut s'organiser mieux pour les prochaines vacances, et de façon aussi équitable que possible. C'est, en mon for intérieur, la dernière chance que je donne à Dorian, une dernière tentative pour voir si on peut trouver un terrain d'entente et essayer de passer des moments à deux sans heurt.

Tout d'abord je lui demande s'il aimerait que nous passions ensemble les vacances de la Toussaint. Il est d'accord. Mais je tiens à mettre les choses au clair : « Si tu veux à tout prix faire une semaine de planche à voile, dis-le-moi maintenant. Si c'est le cas, qu'à cela ne tienne, je ferai autre chose de mon côté. Il faut que les choses soient claires entre nous. » Il semble réfléchir et finit par acquiescer. Je suis soulagée. Il nous faut maintenant choisir la destination. Nous pensons à Arcachon, que nous ne connaissons pas. Par la suite, Dorian propose Lège-Cap-Ferret, une petite ville au bord de l'océan, non loin d'Arcachon. Je n'y suis jamais allée et je sais que le bassin d'Arcachon est un bel endroit. Cela me tente bien.

Le temps passe et un jour je surprends Dorian en train de regarder les clubs de voile de Lège-Cap-Ferret sur Internet. Je suis aussitôt méfiante et lui rappelle que nous nous sommes mis d'accord pour des vacances sans planche à voile. Il se hérisse : « J'ai bien le droit d'en faire ne serait-ce qu'une journée, tout de même ! » Mais je sais très bien que si les conditions se trouvaient être idéales, il ne se contenterait sûrement pas d'une seule journée et je me retrouverais à nouveau délaissée. Je lui donne alors l'exemple de mon frère, lui aussi amateur de planche à voile, mais qui sait se mettre en harmonie avec sa famille pour organiser des vacances en fonction des envies de chacun. Dorian rétorque qu'il se fiche royalement de ce que fait mon frère et n'a visiblement pas la moindre intention d'adopter cette formule. Il est en colère, se lève et quitte la pièce : la discussion une fois de plus est close.

La semaine suivante, j'essaie de lui reparler de nos projets, mais il reste vague et indécis. Je m'inquiète car les vacances approchent vite et nous n'avons toujours rien organisé. Quelques jours plus tard, alors que je suis allée chercher notre fille à l'école, celle-ci me demande d'un air soucieux si je vais en vacances avec son père et elle. Elle précise qu'elle aimerait bien que moi aussi je parte avec eux… au Maroc. Une fois de plus je tombe des nues. Dorian arrivera-t-il donc toujours à me prendre au dépourvu, et seulement pour satisfaire son seul intérêt ? Évidemment j'ai besoin de comprendre. De retour à la maison, j'attends le bon moment pour demander à Dorian des explications : « C'est quoi, cette histoire de vacances au Maroc ? »

L'espace d'un instant, il semble ne pas savoir quoi répondre ; puis, se reprenant, il s'empresse de bredouiller des justifications : « Oh, mais non, j'avais juste essayé de réserver quelque chose avec un organisme, mais tout était complet, il n'y avait plus de place. » Je me doute bien qu'il y a anguille sous roche, mais je n'obtiens rien de plus. Je suis pour le moins exaspérée.

Il ne reste qu'une semaine avant la Toussaint, et il finit par déclarer qu'il a réservé les vacances. Il ne m'a pas demandé mon avis ni pour la destination, l'île de Ténérife, ni pour les dates, qui en fait s'avèrent être la semaine qui suit mes congés. Autrement dit, quand je serai à nouveau au travail. Je ne peux donc pas être de la partie. Pire que cela : il a prévu d'emmener deux de nos filles, mais il ne s'est pas rendu compte que l'une d'elles, tout comme moi, serait aussi de retour à l'école à ce moment-là.

Je suis profondément écœurée, plus pour ma fille que pour moi, puisqu'elle se retrouve pénalisée par erreur. Car je sais très bien qu'il a voulu me punir d'avoir essayé, pour une fois, de ne pas me soumettre à sa dictature, aussi sournoise soit-elle. Il part donc seul avec notre deuxième fille en ayant pris soin de l'inscrire à un stage de plongée intensif, pouvant ainsi donner libre cours à sa passion de la planche à voile, comme il avait dû le prévoir dès le début. Je ne peux m'empêcher de remarquer que c'est la première fois qu'il choisit une destination au soleil, sachant fort bien que cela m'aurait beaucoup plu. Jamais il n'a fait ça pour moi en tant d'années de vie commune. Nous restons donc, notre cadette et moi, à la maison.

À ce moment-là, j'ai atteint mes limites. Je sens que c'est la goutte d'eau qui fait déborder le vase. Il n'est plus question pour moi d'envisager de me projeter dans quoi que ce soit avec Dorian. Je n'arrive même plus à ressentir de la colère, tellement je suis lasse, usée, désabusée, réduite. Au fil des ans, ma vie avec Dorian n'est que déceptions et désillusions. Je n'ai plus goût à rien. Je ne vois plus aucun plaisir devant moi dans la vie. Tout me semble sans intérêt. L'horizon est noir pour moi et tout se passe comme si j'attendais en vain que ma peine de prison se termine. Plus rien ne me fait envie, et même si Dorian me proposait un merveilleux voyage autour du monde ou un manoir dans un endroit de rêve, ça ne m'intéresserait plus. Tous mes projets, tous mes rêves, tous mes bonheurs, tous mes plaisirs, même les plus futiles, même les plus simples, sont systématiquement gâchés. J'en suis à un point où je me sens incapable de me réjouir à l'idée de quoi que ce soit, et surtout si cela est en rapport avec Dorian. Seul mon devoir de mère de famille me tient à cœur. Des amies me disent que mes yeux ont perdu tout leur éclat et certaines vont même jusqu'à dire que j'ai une mine grise, malade. Je me sens vidée de toute substance.

Mathilde

Je suis à bout. Après toutes ces années, j'ai bien fini par sentir que ma fatigue est anormale, je pleure pour un rien, je suis sur la voie de la dépression. Les réactions de Frédéric sont excessives, mais je ne dois pas bien m'y prendre : je ne cesse de me remettre en question, cherchant en vain ce que je pourrais faire qui améliorerait la situation. Plus je me montre aimante et dévouée envers Frédéric, plus celui-ci est cassant et agressif avec moi. Je me sens totalement démunie, perdue, seule. Toute communication, toute explication est bien sûr impossible : chaque fois que je vais vers lui, il me rabroue, me rabaisse davantage.

Jamais il ne montre ni compassion, ni pitié, ni compréhension. Et moi, encore à cette époque, je m'étonne, admirative : « Qu'est-ce qu'il est dur, mais quel contrôle il a de lui-même… » Sans vouloir admettre qu'à un tel point, c'est peut-être pathologique. Néanmoins, avec toute ma bonne volonté, la volonté qui me reste, je tente de plus en plus de comprendre.

Je continue de fréquenter la bibliothèque, pour y chercher des livres de psychologie et des réponses à la confusion qui règne dans ma vie, dans mon couple. J'y trouve des références sur les personnalités difficiles : mon mari semble en faire partie. Certaines choses m'échappent cependant, car ces livres, assez pointus, sont rédigés en italien. Je vais donc aussi sur Internet, mais je me trouve obligée de composer avec ma crainte viscérale, car Frédéric surveille tout ce que je fais et je dois effacer systématiquement la trace de tous les sites que je visite. Cela devient compliqué et tout cela reste obscur pour moi.

C'est cet hiver-là que se produit un événement en apparence anodin, mais qui va donner un tournant décisif à mon existence. Ma mère vient nous rendre visite en Italie. À la fin de son séjour je la raccompagne en voiture, à l'aéroport. Nous parlons de Frédéric et de sa rigidité. Elle me demande : « T'a-t-il déjà frappée ? » D'une voix que je veux convaincante, je lui réponds : « Maman, enfin voyons, s'il avait levé la main sur moi, je serais partie sur-le-champ ! »

Et voilà, une fois de plus je lui mens, mais surtout je me mens à moi-même. Sauf que cette fois, je me vois faire. Je ne dissimule plus : je mens éhontément. Il reste encore quelques kilomètres à parcourir et j'ai de plus en plus de mal à faire semblant… Je sens ma gorge se nouer et il faut chercher un autre sujet… J'ai mal, je suis mal. Nous nous quittons sur le parking de l'aéroport. La voix de ma mère s'étrangle : « Mathilde, sache que la porte de la maison est ouverte… » Ma mère n'est pas dupe. Sur le chemin du retour, je laisse libre cours à mes sanglots : elle a mis le doigt sur la faille, et pourtant elle ignore à quel point je suis en perdition. Il faut que cela cesse.

Carole

Jean a beau détester les fêtes, cet hiver un immense sapin trône dans le salon. Pour une fois j'ai lutté pour en avoir un vrai. Ce sapin touche le plafond. Mes enfants, qui ont pourtant maintenant dix-sept et dix-neuf ans, ont pris plaisir à choisir des boules blanches et or. Il est majestueux. Nous ne nous lassons pas de le regarder. C'est un véritable plaisir. Pour moi, Noël, depuis ma toute petite enfance, a toujours été une fête extraordinaire, pleine de joie, de cadeaux, de petites douceurs ! Le lendemain c'est la fête dans la maison, les copains passent nous voir. On rit, on discute, on mange des chocolats.

Tout à coup, nous entendons crier Jean, nous le voyons se diriger vers la porte et la faire claquer. Je me précipite vers la fenêtre de la cuisine, je le vois monter dans sa voiture et partir à toute allure. Interloqués, nous nous regardons, nous ne comprenons rien. Il est parti sans explication, sans rien dire. Que s'est-il encore passé ? Les questions fusent, mais je n'ose pas en rajouter devant mes amis. Je me dis qu'il va revenir le soir venu et une fois encore je prends mon mal en patience. Combien de fois est-il parti sans prévenir dès qu'il ne maîtrisait plus la situation ! Pourtant cinq jours passent sans nouvelles. Je ne sais pas où il se trouve. Chaque jour je crois dur comme fer qu'il sera de retour le soir même.

Arrive le 31 décembre au soir. Je vais seule chez la marraine de ma fille, où nous sommes traditionnellement invités chaque année. Je ne sais toujours pas où il est. Le seul message qu'il m'ait laissé me signifie qu'il ne sera pas là le 1er janvier. Au repas sa langouste est restée intacte sur son assiette. Les coups de minuit sonnent, tout le monde s'embrasse discrètement, personne n'ose me souhaiter la bonne année. Je m'éclipse en pleurs dans une chambre, j'ai peine à respirer. Mes amis tentent de me consoler mais ma souffrance est tellement intense que j'ai du mal à me ressaisir. Comment peut-il me faire cela ? Il n'est pas revenu depuis le lendemain de Noël. C'est comme si j'avais reçu une terrible claque. Nous sommes le 1er janvier 2007. Le lendemain, mes amis me disent : « Carole, tu ne peux pas continuer comme ça ! C'est inacceptable ! »

C'est comme la goutte d'eau qui fait déborder le vase, au bout de vingt-cinq années d'un mariage épuisant : « Plus jamais, plus jamais il ne me fera marcher ! » Je monte dans ma voiture et je me dirige au commissariat de police où je dépose une main courante. J'ai honte. Mais cette démarche m'est indispensable pour arrêter ce processus et me justifier à moi-même mon désir de quitter mon mari.

Voilà où j'en suis : j'ai tout pour être heureuse dans la vie, deux beaux enfants studieux et en bonne santé, un métier passionnant, des associés extraordinaires, des amis agréables, et un mari qui ne cesse de gâcher mon bonheur. Enfin, je prends conscience de ce malaise que je ressens au plus profond de moi-même. Je ne peux plus continuer ainsi. Pour moi, c'est la rupture : c'est fini, je ne me laisserai plus faire.

Mathilde

Au milieu de ce marasme qu'est ma vie en Italie, un événement, pourtant ordinaire dans notre quotidien, va faire changer le cours des choses.

La veille, j'ai reconduit à l'aéroport ma mère, qui était venue nous rendre visite. Ce qu'elle m'a dit dans la voiture résonne dans ma tête, cette conversation a fait son chemin : savoir qu'elle est prête à m'accueillir avec les enfants en cas de problème a déclenché quelque chose en moi. Je sens que cela ne peut plus durer, tout se passe comme si je commençais à me réveiller. Il faut que cela cesse, néanmoins je n'y vois pas clair pour autant. Je sais qu'avec Frédéric tout va de plus en plus mal, pourtant je ne vois pas quoi faire, je suis toujours engluée dans une situation où je suis à la merci d'un homme qui m'inspire la crainte mais auquel je suis attachée, comme si j'étais droguée.

Ce jour-là, nous sommes conviés à une représentation musicale dans un village voisin et, au dernier moment, Frédéric se dérobe. Il a toujours horreur des fêtes et, une fois encore, il a trouvé un prétexte pour ne pas y aller. Je suis à nouveau devant le fait accompli. Ce n'est pas la première fois qu'il me laisse en plan pour une invitation, tant il déteste la compagnie. Combien de fois ai-je dû trouver des excuses au dernier moment pour refuser des invitations à dîner chez des amis ? Aujourd'hui pourtant je lui résiste vraiment et j'ose l'affronter. Je lui demande pourquoi il s'esquive de la sorte. Il ne me répond pas et m'ordonne de sortir de la pièce. Je ne bouge pas. Une ultime fois, je lui demande une explication.

De nulle part sa main jaillit et me saisit par le collet. Il a les yeux exorbités, le visage rouge de haine et de colère. Il tente de m'étrangler. Je suis terrifiée, je me débats, je crie. Je devine la présence des enfants. J'extirpe mon bras et, en tendant la main, je parviens tout juste à fermer la porte. Je les retrouve plus tard, blottis l'un contre l'autre. Ma fille console son petit frère en pleurs dans ses bras. Je suis anéantie, abasourdie. Tel un automate, je descends les escaliers avec les enfants pour les installer devant une vidéo. C'est alors qu'une violente secousse se produit en moi. J'entends ma fille de six ans me dire : « Maman, est-ce que Papa te bat ? » Je reste sans voix, submergée de douleur, au bord de moi-même, je serre mes deux enfants dans mes bras. C'est un véritable déclic. Cette enfant, mon enfant, par cette seule question, me fait prendre conscience de notre réalité quotidienne et il m'apparaît soudain clairement que je ne peux ni ne dois accepter que mes enfants l'endurent davantage.

Pendant qu'ils regardent leur film, poussée par la réflexion de ma fille, j'écris une lettre, un *ultimatum* à Frédéric. Il faut absolument sauver notre couple : nous avons deux beaux enfants en bonne santé, un travail intéressant, une belle maison et la chance de vivre à l'étranger. Bref tout ce qui s'apparente au bonheur. Je lui dis que je l'aime encore, je le supplie de se montrer plus respectueux. Simplement plus gentil. Entre espoir et détresse, je dépose la lettre sur le bureau de Frédéric… Et la retrouve intacte, dans son enveloppe, le lendemain.

Après une nuit très perturbée et voyant cela, je téléphone en pleurs à ma mère. Je lui avoue enfin que je ne supporte plus cette vie. Ma mère sent mon désarroi et elle veut venir sur-le-champ, mais mille deux cents kilomètres nous séparent. Je cherche pourtant encore une ultime solution.

Je ne suis pas en état d'aller travailler et je téléphone à mon employeur en disant que je suis malade. Je vois bien que je veux encore sauver notre couple. Je me sens mal, j'ai la nausée, le vertige, j'ai l'impression de devenir complètement folle, je suis au bord d'un gouffre qui m'appelle. Je mets tout mon espoir dans le rendez-vous que j'obtiens chez un spécialiste. Peu de temps après, je suis assise dans la salle d'attente avec la sensation très nette que cette rencontre doit être décisive. Le visage blême, les yeux rougis par les larmes, je franchis la porte du cabinet. Je suis incapable de parler correctement au médecin, ma souffrance est trop grande, et je me suis tue si longtemps. Je pleure sans arrêt, je cherche mes mots en italien, je bafouille. Le médecin, attentif, m'écoute et très rapidement me pose trois questions : est-ce que votre mari boit ? Est-ce que votre mari vous trompe ? Est-ce que votre mari est submergé de travail ? Or, je sais pertinemment que mon mari ne boit pas, qu'il ne me trompe pas et je sais aussi qu'il a certes du travail, mais pas au point d'être submergé, ce que je dis au psychiatre. Avant que je ne parte, le médecin me dit d'un air

141

dépité : « C'est votre mari qu'il faut que je voie ! Mais il doit faire la démarche pour prendre le rendez-vous. »

En partant du cabinet, je suis encore plus mal. J'attendais tout de ce rendez-vous, mais j'en sors sans réponse ni solution. Je ne vois plus d'issue, tout est en train de s'effondrer. Je suis sur mon vélo, et je ne cesse de pleurer, sans savoir ce que je fais. Mais je veux donner coûte que coûte une vie normale à mes enfants et garder l'équilibre familial qui me tient tant à cœur.

Je rentre à la maison où je les retrouve avec Gloria, leur baby-sitter. À peine est-elle partie que le téléphone sonne. Nous sommes le 8 janvier 2007 : c'est mon beau-père qui nous souhaite la bonne année. Cette fois-là je vais droit au but et je lui dis que notre couple part à la dérive. Pour la première fois, je révèle que Frédéric est violent physiquement et verbalement. À l'autre bout du fil, je le sens mal à l'aise et pour toute réponse je n'ai que : « C'est dommage ! » Il ne cherche pas à comprendre davantage la situation, il ne veut pas entendre. Peut-être parce qu'il connaît bien son fils au fond, et que cela ne l'étonne pas… Ou parce qu'il a lui-même été violent avec lui ? Ou que sa femme l'a été et qu'il a laissé faire ? Quoi qu'il en soit, je sens que je ne trouverai pas d'appui auprès de lui.

Peu de temps après, Frédéric arrive du travail en sifflotant, comme si de rien n'était. Depuis la veille tout est revenu à la normale pour lui, comme d'habitude. Et comme toujours, il trouve le repas prêt et les enfants douchés. J'attends que nous soyons enfin seuls. Puis, prenant mon courage à deux mains, je lui annonce : « Tu vois bien que notre couple ne va pas. Il faut qu'on fasse quelque chose pour retrouver une harmonie, pour nous, pour les enfants. Je suis allée voir un psychiatre aujourd'hui pour faire le point, mais je ne peux rien faire toute seule. Il faut que tu y ailles aussi ! » Aussitôt, il me répond que je suis folle et qu'il est en effet grand temps que je me fasse soigner. Pour lui, notre couple fonctionne très bien, en tout cas pas plus mal qu'un autre : c'est moi qui débloque. Je suis dépitée, je vois bien que tout s'écroule, mais en réalité je ne suis pas surprise. Je savais bien qu'il refuserait de m'écouter.

Toute la semaine qui suit, j'essaie par tous les moyens de communiquer avec lui, accrochée à l'espoir de sauver ce que nous avons réussi tant bien que mal à construire. Frédéric finit par me proposer de prendre une gouvernante à domicile pour garder les enfants l'après-midi : de toute évidence j'ai besoin de me reposer. Je suis déstabilisée, il ne comprend pas que le problème est bien plus profond, j'ai le sentiment qu'une fois encore il veut trouver une solution pour que je ne lui échappe pas, et surtout pour ne pas se remettre en question. Mais dans ma tête, les idées se heurtent : devant sa froideur et son mépris le plus absolu, je ne sais pas quoi faire, je me sens plus perdue que jamais, je suis en train de chuter dans un gouffre dont je ne vois pas le fond.

Une question de survie

Amélie

Du linge. Encore et toujours du linge. Ça n'en finit pas. Ce jour-là plus encore qu'un autre. Penchée au-dessus du lit, je trie, je plie, j'empile. L'éternelle montagne de linge… Ou est-ce une mer de linge ? Lui, la mer, il est dessus. Comme toujours, comme tous les week-ends, il a rejoint son club de voile bien-aimé et cela fait des années que cela dure. Il file sur les vagues, les pieds ancrés sur sa planche, il savoure le soleil sur sa peau, il se laisse griser par les grands espaces et la vitesse. Moi, je coule et je croule sous les contraintes du quotidien qui reposent uniquement sur mes épaules.

J'ai tout juste la quarantaine, mais mon dos se plaint. Je m'assieds au bord du lit. Ma tête bourdonne. Je me laisse glisser à terre, je me recroqueville, je pose mon front sur les genoux, je ferme les yeux, ça y est elle revient. Je l'entends, je l'écoute, la sourde angoisse qui monte et remonte. Je ne peux pas l'endiguer, elle s'impose, cette sale angoisse. Je me sens très seule, prise au piège. Comment ai-je pu me retrouver enfermée dans cette vie de servitude qui m'échappe totalement, tandis que lui parvient toujours à satisfaire ses propres désirs ?

J'ai besoin d'une voix amie, de voir quelqu'un, de parler et je me décide à aller voir Corinne, une amie française. Je m'assieds dans sa cuisine. Ma main s'enroule autour de la tasse chaude. Je parle, je sirote de petites gorgées de thé chaud, je réponds aux questions, je lui confie petit à petit le malaise confus mais intolérable que je vis au sein de mon couple. Elle s'exclame : « Mais dis donc, l'autre jour, tu n'as pas entendu l'émission à la radio ? Ils ont passé une émission sur les manipulateurs. Il faut que tu écoutes ça à tout prix ! Je t'assure. »

Rentrée chez moi, je réussis à trouver deux heures calmes. Un exploit. Installée devant l'ordinateur, je clique sur une touche. L'émission de radio, en différé, démarre. Je suis seule, j'écoute. Je suis subjuguée. Je sursaute, même. J'ai l'impression que l'on parle de mon histoire… Mon cœur bat plus vite, je me redresse, non, ce n'est pas possible. Je retiens mon souffle. Dans ma tête tout se bouscule. J'attrape un stylo, je note furieusement, je m'exclame : « Ça alors ? ! Mais oui ! C'est tout à fait ça !! Incroyable… » Je me tape même sur la cuisse. L'émission prend fin. Je suis abasourdie. Les morceaux du puzzle viennent tous de se mettre en place, la lumière s'est faite, aveuglante. Je reste figée par le choc.

Carole

Nous sommes au lendemain de ce 1er janvier 2007 où mon mari n'est pas revenu pour le repas du jour de l'an. Après ce jour où je me suis sentie vraiment à bout, je décide de lancer une procédure de divorce. Je contacte un avocat. Je ne suis pas soulagée pour autant et je continue à me sentir très mal, sans savoir vraiment pourquoi. Je suis sans cesse en train de pleurer. Je pleure dans ma voiture, en arrivant au cabinet, en mettant ma blouse. Il m'arrive même de pleurer devant mes patients, sans que je le veuille : c'est plus fort que moi, je craque. Au bout du deuxième rendez-vous chez l'avocat, je suspends pourtant la procédure. Je suis tellement en larmes que je ne comprends pas un mot de ce qu'il tente de m'expliquer. Mon état est si perturbant qu'il me semble urgent de faire quelque chose. Mes angoisses, mes pleurs, mes incompréhensions me poussent à appeler une amie médecin. Je lui demande si elle peut me faire hospitaliser. Il me faut une cure de sommeil… Je n'en peux plus, je veux dormir, je dois dormir.

J'ai l'impression que je deviens folle. Et puis il y a mon mari, qui est là, dans la maison, et qui rôde. Depuis que je lui ai dit que je voulais que nous nous séparions, nous dormons dans des pièces différentes. Il a donc décidé que nous ferions chacun notre tour un mois dans la chambre, un mois sur le canapé. J'accepte, je veux juste être loin de lui. Mais cela complique encore tout, car nous avons déjà chacun notre salle de bains. Jean en effet utilise la salle de bains du bas, à côté de la petite chambre d'amis où il y a le canapé et toutes ses affaires, tandis que les enfants et moi utilisons la salle de bains à laquelle on accède par notre chambre. Sans compter que toutes mes affaires sont dans l'armoire de la chambre du haut ! Et quand il est dans la chambre, Jean surveille nos entrées et sorties et garde jalousement son espace. Je lui rétorque qu'il serait plus simple que je conserve la chambre puisque nos affaires sont déjà réparties, mais c'est un principe : pas question qu'il me cède la chambre ! Je continue à être nomade dans ma propre maison, je passe mon temps à chercher mes affaires, mes livres, mes vêtements, mes papiers. Je ne sais plus où j'habite, où j'en suis. J'ai perdu le nord depuis si longtemps.

Instinctivement je sens qu'il faut remédier à mon état. Le médecin que je consulte au départ ne comprend rien tant je suis brouillonne, décousue. C'est que je n'arrive pas à mettre des mots sur la situation. Je ne comprends pas comment nous en sommes arrivés là. Je ne comprends pas pourquoi j'ai cette vie, pourquoi j'éprouve ce mal-être insondable, et qui m'épuise, qui m'épuise… Je m'entends même dire à mes amis, que je sollicite constamment : « Je veux divorcer, mais je ne sais pas pourquoi, je ne sais pas pourquoi. »

De son côté, Jean revendique ses droits de père au foyer. Il estime que je suis bien ingrate de vouloir me séparer de lui après tout ce qu'il a fait pour moi, après tout le dévouement dont il a fait preuve pour notre famille. Et je culpabilise, je me sens tellement mal. Je ne sais qui de nous a tort ou raison, où est la vérité. Mais je comprends juste que je deviens folle, il faut que ce chaos dans ma tête cesse.

Mathilde

L'hiver venu, je me décide. Je dois partir, c'est une question de survie, pour les enfants comme pour moi. Je ne peux plus supporter les visions qui m'assaillent : l'avion de Frédéric qui s'écrase au sol, lors d'un de ses déplacements, ou moi seule et

148

folle, internée dans un hôpital psychiatrique. C'est impossible, Frédéric ne mourra pas et moi non plus : mes enfants ont besoin de moi, je dois les protéger et sauver ma peau. Ma mère et ma sœur sont venues de France, inquiètes de mon état, mais une fois présentes, elles s'étonnent de me voir préparer la voiture pour quitter la maison. Leur présence me donne du courage, je ne tiens plus qu'à un fil.

En l'espace de cette matinée, je démissionne de mon travail, je fais radier les enfants de leur école italienne et je trouve même le moyen de ramener les livres des enfants à la bibliothèque. J'agis comme un robot et je remplis deux grands sacs-poubelle avec des affaires qui me tombent sous la main. Sur les conseils de ma sœur, je prends la boîte métallique rose dans laquelle se trouvent mes diplômes, le carnet de famille et d'autres papiers personnels. Il est treize heures, je récupère les enfants à l'école. Ils n'y reviendront plus jamais. Avant de partir, je dépose néanmoins une lettre sur la table de la salle à manger en précisant le motif de mon départ, et par honnêteté les coordonnées où il peut nous joindre, les enfants et moi. Je lui écris que je ne supporte plus cette vie d'enfer ponctuée de violence physique et psychologique et que j'ai besoin de me ressourcer en France. Je pars, sans savoir quoi faire, sans savoir même si je vais revenir ou pas.

Ce jour-là, je n'ai pas encore conscience que mon départ signifie la fin d'un calvaire pour mes enfants et moi. Je suis certes sur le chemin de la liberté, mais tout est si confus dans ma tête. Je ne vis alors plus que tenue par mon instinct de survie, sans réfléchir.

Amélie

De cette émission à la radio, je retiens quatre points importants : mon mari est peut-être ce que l'on appelle un pervers narcissique. Les personnes comme lui ont un rapport déstructuré et faussé aux autres. Cependant on n'en guérit pas, elles ne peuvent pas changer et ne changeront jamais car elles sont incapables de se remettre en question. Même les thérapies ne marchent pas. Ensuite, on ne peut jamais gagner contre eux. Impossible. Perte de temps et d'énergie. De plus ces personnes sont particulièrement destructrices pour leur entourage. C'est ce qui les nourrit, elles ont besoin de réduire l'autre pour exister, et tous les moyens sont bons, le charme, la violence – et surtout la parole. Et enfin il n'y a qu'une seule chose à faire : s'éloigner d'elles au grand galop.

S'éloigner… Voilà bien ce à quoi mon être entier aspirait sans relâche toutes ces années durant ! Je repasse mentalement tous ces moments de vie où j'ai attendu qu'il change, où j'ai espéré qu'il prenne conscience de mon mal-être et qu'il me soutienne. Je revois en pensée les conseils de la thérapeute de couple, et les tentatives d'intimidation de Dorian. Alors c'est bien cela ? Il n'y avait en fait rien à faire ?

Je sens le sentiment de culpabilité qui me tenait et me minait depuis toutes ces années s'envoler d'un coup. C'est une surprise. Et une belle. Un grand poids s'est enlevé en moi. Je n'avais même pas réalisé à quel point je vivais dévorée et aveuglée par cette culpabilité que j'avais accumulée au fil des années. Je me sens mieux, je me sens plus forte. Je sais ce qu'il me reste à faire. C'est très clair : si je veux sauver ma peau, je vais devoir partir.

Malgré tout, j'ai encore besoin de preuves, d'éléments pour revoir mon histoire autrement. En cherchant sur Internet des informations sur ce que je suppose être la problématique de mon mari, je trouve des livres sur le sujet. Je lis avidement les articles trouvés, ainsi que les résumés et je passe ma commande sur une librairie en ligne. Je me sens galvanisée par cette découverte, j'ai besoin de tout ce qui pourra confirmer ce que je ressens à présent : mon mari est malade, je ne suis pas seule en cause.

Carole

Ma procédure de divorce s'éternise. Il faut dire que je suis tellement mal, tellement épuisée, que toute cette démarche est au-dessus de mes forces. Je vois bien que mon mari ne quittera jamais cette maison, que j'ai pourtant totalement financée et qu'il s'évertue sans cesse à désorganiser, sous prétexte que je ne fais jamais rien de bien.

Pourquoi ce mal-être insurmontable, destructeur ? Je devrais être soulagée d'avoir pris la décision de me séparer de mon mari, lui qui hante mon quotidien, avec lequel je m'entends de toute évidence si mal. C'est sans doute de ma faute, comme Jean me l'a souvent fait remarquer, à cause de mon caractère entier et exigeant. Il m'a toujours dit que je ne suis pas facile non plus. Je me remets donc toujours en question. La culpabilité me mine et m'empêche d'avancer. Je n'arrête pas de me dire que j'ai tout raté dans ma vie, que j'ai tout fait de travers, emportée par mon caractère trop vif.

Jean, lui, reste toujours le même. Il a raison, il est persuadé d'avoir raison. Je consulte tout le monde : des amis médecins, des psychiatres, des psychologues… Et Internet, sur lequel je pianote régulièrement, à la recherche d'informations qui me permettraient de comprendre, d'y voir plus clair. C'est que, même si je suis sûre que je n'en peux plus, que je veux qu'il parte, je suis toujours dans le brouillard. Je clique et reclique, m'informant sur les « personnalités difficiles ». De fil en aiguille, au cours des mois, je finis par déboucher sur des embryons de réponses et puis, un jour, devant une page Internet, je tombe des nues.

Sur le site du docteur Reichert Pagnard, il y a écrit : « Si votre mari vous traite de mauvaise mère, de salope, de putain, de sorcière, de femme facile, de dépensière, de folle, d'hystérique… Vous êtes victime de harcèlement moral. » Je bondis. Moi, victime de harcèlement moral ? Je ne peux y croire.

Tout à coup, je me sens libérée. Je respire à pleins poumons, je sens les pores de ma peau s'ouvrir : je tiens enfin une réponse à la cause de mon mal-être. À la fois, je n'ose pas croire que ce soit vrai. Je suis incrédule. Cela me paraît énorme, tout de même. Au fond de moi persiste un doute : ai-je vraiment vécu tout ça ? Est-ce que je ne me fais pas de films ? Cette situation est ahurissante.

J'ai besoin de confirmer ma découverte, je ne m'arrête pas à cet article et commande tous les livres que je trouve sur le sujet.

Avide de renseignements, je continue à fouiller, à chercher, à traquer les moindres informations que je trouve sur Internet. Parce que si cette piste est la bonne, je vais enfin pouvoir trouver les armes qui me manquent pour mettre fin à ce calvaire. Je vois alors plusieurs psychologues, spécialistes du sujet. Il me faut une réponse ! Finalement, sur l'insistance de l'un d'eux avec qui j'ai déjà fait quelques séances, je m'inscris à un séminaire pour rencontrer d'autres personnes dans ma situation.

Un parcours semé d'embûches

Amélie

Plus je lis des ouvrages sur la manipulation dans le couple, en cachette de mon mari, plus l'idée que Dorian est un pervers narcissique se confirme. Cependant, je ne peux plus rester seule avec tout cela. En cherchant sur Internet, je découvre un séminaire sur le sujet et m'y inscris. Puis je prétexte une visite chez des amis et je me rends à Paris, quelques jours plus tard.

Ce séminaire est un deuxième choc pour moi : ce que je ressentais m'est bel et bien confirmé par une spécialiste du sujet. Je découvre également que je ne suis pas seule face à mon histoire. Mathilde et Carole, notamment, que je rencontre à l'occasion du séminaire, ont vécu un parcours semblable au mien. Dès lors, nous restons en contact. Parler ensemble nous fait du bien. Côté à côte, en croisant nos souvenirs et nos discussions, nous intégrons peu à peu la réalité.

Mais bien sûr, de nombreux obstacles m'attendent. Maintenant que les écailles me sont tombées des yeux, je me sens forte pour aller de l'avant et me séparer enfin de mon mari qui vit toujours dans la même maison que moi… La question demeure : comment ?

Je commence par prendre rendez-vous chez une avocate, pour me renseigner sur les démarches à suivre pour divorcer. Je n'obtiens cette entrevue que trois semaines plus tard. Entre-temps, je m'absente quelques jours pour rendre visite à Carole en France, pour la première fois. À mon retour, je trouve une enveloppe à mon nom, écrite de la main de Dorian. À l'intérieur je trouve mille livres en billets, sans un mot d'explication. Une fois de plus je ne comprends pas. Quand il rentre le soir de son club de voile, je lui demande de quoi il s'agit. Il m'explique, d'un petit air satisfait, que c'est l'argent de la vente de la voiture familiale, celle dont je me sers quotidiennement. « Avec cet argent, tu pourras te racheter une autre voiture ! » C'était certes une vieille voiture, et il avait parlé de la vendre mais récemment, alors que nous étions en route pour nous rendre à un dîner chez des amis, il m'avait demandé d'une voix empreinte de douceur quelle voiture j'aimerais qu'il achète à la place. J'avais été très surprise par cette question qui ne correspondait pas du tout à sa façon de faire et avais répondu que j'aimerais une voiture pas trop grosse mais avant tout fiable. Il avait acquiescé. Je ne m'attendais certainement pas à ce qu'il s'en débarrasse ainsi en douce et il est évident que cette somme dérisoire ne me permettra pas de racheter une voiture correcte.

C'est une manipulation de plus. Dorian s'arrange une fois encore pour me réduire en m'enlevant l'autonomie que je

156

revendique de plus en plus. Sans doute veut-il me faire payer ma courte escapade… « Mais je n'arriverai jamais à me retrouver une voiture fiable à ce prix-là ! » lui dis-je. « Qu'à cela ne tienne, tu pourras faire un emprunt auprès de ma compagnie. » Désormais, son stratagème me semble limpide, je sais que c'est encore une manière de me rendre dépendante.

Je ne suis pourtant pas au bout de mes surprises : après cette courte absence, je retrouve mon coin de travail réorganisé, rangé, paraît-il, par les soins de ma plus jeune fille. Je m'efforce de masquer ma contrariété, sachant fort bien qu'il s'est servi de mon enfant, qui pensait me faire plaisir. Cependant je ne suis plus dupe, et je vois bien que l'idée vient en fait de lui. Je n'ai jamais aimé que l'on touche à mes affaires de travail, et il le sait pertinemment.

Mais cela n'est pas fini : ce soir-là je suis vraiment gâtée, car Dorian se met en tête de préparer quelque chose à dîner et exprime le souhait que nous prenions notre repas ensemble, habitude perdue depuis quelque temps. Je trouve cela étrange, mais je n'ai pas envie de créer un nouveau conflit. Je comprends vite néanmoins la raison d'un tel manège. C'est au cours du repas qu'il annonce tout ce que moi je projetais de faire depuis ce qui me semble être une éternité : « Bon, je crois qu'il est temps que nous nous séparions. » Tout se fige en moi, je continue quand même à mastiquer avec application. « Oui, poursuit-il, j'ai l'intention de partir au mois de septembre, de me prendre un appartement, ce n'est pas la peine de passer les vacances d'été ensemble. »

Il a réussi à me couper l'herbe sous le pied. J'aurais préféré attendre le mois d'octobre pour laisser passer les anniversaires des enfants, leurs examens scolaires de fin d'année, les vacances d'été en famille, sans compter que je m'inquiétais de la mauvaise santé de ma belle-mère en maison de repos. Je pensais qu'une fois la rentrée des classes faite, je pourrais enclencher la procédure de divorce en exposant le moins possible nos enfants aux inévitables désagréments que cela allait engendrer.

Manifestement Dorian ne s'est pas posé les mêmes cas de conscience que moi et, comme s'il savait ce que j'étais sur le point de faire, il s'arrange pour reprendre le contrôle de la situation, pour ne surtout pas perdre la face. « Il vaut mieux ne rien dire aux enfants pour le moment », rajoute Dorian. Malgré la tournure imprévue des événements, je me sens étonnamment calme. Dans un sens je suis même soulagée, j'angoissais tellement à l'idée de lui annoncer ma décision de divorce, il m'a facilité la tâche. Je demande alors d'un ton détaché à Dorian quand il souhaite que nous annoncions notre divorce aux enfants. Il sursaute : « Divorce ? Je n'ai jamais parlé de divorce : je parle juste de séparation ! »

Ce qu'il ne sait pas alors, c'est que je dois rencontrer mon avocate le surlendemain. Ma décision est prise : je veux divorcer, et le plus tôt possible, mais je me garde bien de le lui dire. J'ai beau être maintenant parfaitement lucide, passer mon temps à anticiper ses manigances continue de m'épuiser.

L'été cependant continue d'avancer. Nous sommes tous invités en famille au mariage d'une de mes cousines fin juillet. Or nous avions reçu cette invitation au mois de mars et devions donner notre réponse fin mai. Ma fille aînée, son petit ami et moi-même avions tout de suite accepté, mais Dorian est incapable de se décider et ne donne sa réponse que quelques semaines avant. Puisque finalement nous serons quatre, nous aurons besoin de prendre la voiture de travail de Dorian, étant donné que je n'ai plus de moyen de transport, et de réserver d'urgence le ferry pour aller en France. Dorian dit qu'il s'en charge. Le temps passe, et quand je lui demande le papier de réservation pour pouvoir confirmer nos horaires d'arrivée à ma famille, il l'oublie toujours.

Je finis par appeler moi-même le service de réservation pour connaître les horaires, et c'est là que je découvre qu'aucune réservation n'a été faite et qu'il reste très peu de places. J'appelle aussitôt le bureau et explique l'urgence du problème à sa secrétaire, laquelle s'assure que Dorian rectifie la situation. Ouf ! J'ai le sentiment d'avoir échappé de justesse à une catastrophe…

C'est évident : Dorian n'a pas du tout envie d'aller à ce mariage alors que personne ne l'a forcé. Il annonce d'ailleurs, une fois sur place, qu'il va rentrer plus tôt que prévu, invoquant le prétexte d'une réunion de travail et compromettant ainsi notre organisation. Mes parents, le voyant bronzé, radieux, pimpant dans sa nouvelle chemise de marque – lui qui se plaint d'avoir des problèmes d'argent –, ne peuvent s'empêcher de me faire remarquer que, pour quelqu'un dont le mariage prend fin, il a une mine superbe. Ils le soupçonnent clairement d'avoir une maîtresse. Cela me sera bientôt confirmé par mes propres filles qui le découvrent par hasard. Il devient évident que Dorian avait une bonne motivation pour emménager dans son nouvel appartement et profiter ainsi de sa ou ses maîtresses tranquillement !

Mais qu'importe pour moi, je poursuis mon but. Maintenant que j'ai pris la résolution de divorcer, il me faut remplir quantité de formulaires et rassembler divers documents. Or, en plus de mes fiches de paie et de mes feuilles d'impôts, Dorian garde aussi dans son bureau tous les papiers de la famille, les passeports des enfants, notre certificat de mariage, toutes les factures, les papiers d'assurance, les relevés bancaires du compte joint. En bref, il s'est arrangé pour avoir le contrôle financier et administratif de mon existence comme de celle de nos enfants. Je n'ai en ma possession aucune preuve concrète de ma propre identité, mon passeport excepté.

Il est néanmoins impératif que je récupère ces papiers, autant pour mon divorce que pour mon équilibre mental. La discrétion s'impose puisque Dorian ne doit pas encore savoir que j'engage cette procédure de divorce. Le seul moyen de reprendre possession de mes papiers est de me rendre à son bureau. J'y vais un jour en semaine et demande à son comptable de me montrer où se trouvent mes fiches de paie ainsi que les copies de mes feuilles d'impôts.

Mais cela ne suffit pas, il me faut encore notre certificat de mariage et autres documents contenant des informations sur la situation de Dorian, dont je n'ai aucune idée, puisqu'il me l'a toujours cachée. Je ne peux cependant pas demander ces papiers personnels au comptable, Dorian serait sûrement aussitôt mis au courant.

Le problème est que Dorian conserve jalousement les clés de son lieu de travail. Je dois donc me résoudre à trouver un moyen de faire faire un double des clés sans qu'il le sache. Je ne suis pas fière de moi et le stratagème me répugne, mais il faut bien en finir, même si je dois utiliser les mêmes armes que lui. Finalement j'arrive à lui emprunter les clés alors qu'il est parti faire une virée en vélo.

Puis je suis obligée d'attendre un autre week-end, pendant que mon mari est à son club de voile. Heureusement, ayant travaillé par le passé dans son bureau, je me souviens du code d'accès. Je n'en mène pas large : si le code a changé ou si je me trompe, l'alarme se déclenchera et je serai dans le pétrin. Mais le code est bon, et une fois dans le bureau je n'ose même pas allumer la lumière, de crainte d'attirer l'attention.

Lors de ma précédente visite, en cherchant mes fiches de paie, j'ai repéré notre certificat de mariage. Je me dirige donc vers le tiroir en question, mais je constate avec désarroi que le document n'y est plus. Je continue à chercher ailleurs. Il y a plusieurs pièces pleines de grands classeurs, des tiroirs bourrés de dossiers et je ne sais où donner de la tête. Soudain, dans un tiroir, mes yeux s'arrêtent sur une écriture familière. J'ai peine à croire ce que je vois : il s'agit de photocopies de lettres que m'ont écrites mes parents au sujet d'un compte épargne qu'ils m'ont ouvert en France. Or, si j'ai tenu au courant Dorian de ce compte, je ne lui ai jamais montré cette correspondance. Je suis littéralement horrifiée, mon sang se glace dans mes veines. Si ces photocopies sont dans ce bureau, cela implique qu'il a fouillé mes effets personnels, a emporté ces lettres et s'est permis de les photocopier, et tout cela derrière mon dos. Je comprends maintenant pourquoi il a fait en sorte que ma fille range mon coin bureau à la maison pendant mon absence : pour effacer ses traces de fouille !

Sur-le-champ j'appelle mes parents de mon portable. Ma voix tremble, j'ai pratiquement la nausée en réalisant le sinistre complot mis en œuvre par mon mari. Visiblement il ne supporte pas l'idée que je puisse avoir un peu d'argent à moi qui échappe à son contrôle. Mes parents sont suffoqués et me suggèrent de reprendre ces photocopies. Mais malgré mon trouble, je me rends compte que s'il voit que ces papiers ne sont plus là, il saura que je suis passée en cachette dans son bureau pour y chercher un document. Or ce n'est vraiment pas le moment d'éveiller ses soupçons, je dois rester prudente jusqu'au bout.

Je rentre chez moi avec le sentiment aigu d'être plus que jamais en danger. Même si j'ai toujours senti quelque chose d'anormal, je n'avais pas réalisé l'ampleur de sa nature manipulatrice et tordue. Et je ne suis pas au bout de mes peines.

Tant bien que mal je parviens à rassembler les éléments nécessaires à la procédure de divorce. Arrive le moment où mon avocate envoie le dossier à Dorian. Je suis particulièrement angoissée à l'idée de sa réaction, dont je crains la violence. Dans les jours qui suivent, un soir, avant d'aller me coucher, je remarque au milieu du courrier une enveloppe qui s'avère être la demande de divorce formelle adressée à mon mari. Cette enveloppe est ouverte ; c'est donc que Dorian en a pris connaissance. Pourtant ce soir-là il se comporte comme à l'ordinaire, comme si de rien n'était, et n'y fait aucune allusion. Je suis à la fois rassurée qu'enfin il soit au courant et inquiète de son apparente indifférence.

En fait, très tôt le lendemain matin, il ne perd pas de temps pour me réveiller et me faire une scène : « Qu'as-tu fait de notre amour ? » s'indigne-t-il, tout en larmoyant. « Pourquoi me fais-tu ça ? Il faut que nous retournions chez la conseillère conjugale ! Toi tu as tout dit à propos de moi, tu t'es bien déchargée, mais moi je n'ai rien dit pour te protéger ! »

Abasourdie, je lui fais quand même remarquer que nous avons déjà consacré trois années entières à cette thérapie de couple, que de surcroît c'est lui qui a voulu y mettre un terme et que maintenant il est bien trop tard. Mais je m'étale le moins possible, tant la haine transperce avec vivacité son regard.

À partir de maintenant, tous les bâtons qu'il pourra me mettre dans les roues seront bons.

Les démarches pour le divorce progressent malgré tout peu à peu, notamment pour la répartition des biens immobiliers. Il est convenu que Dorian gardera le chalet qu'il avait soi-disant acheté pour moi, tandis que je garderai la maison familiale.

Il faut donc que je récupère mes effets personnels dans le chalet. Par le biais de mon avocate je demande à Dorian son accord pour aller en France au chalet chercher mes affaires à la fin de l'été. Il accepte. Mais bizarrement il retourne au chalet quelques jours avant moi, alors qu'il vient d'y passer de longues vacances. Il m'envoie même un mail presque amical, me souhaitant une agréable visite et me disant que les voisins seront ravis de me revoir. Jacqueline et Alain se sont en effet toujours montrés charmants et fort amicaux à mon égard.

Mon amie Bénédicte et son mari ont la gentillesse de m'accompagner pour m'aider. Nous arrivons dans la soirée, épuisés. Mais je ne comprends pas : les clés de mon trousseau ne rentrent pas dans la serrure. Comment cela se peut-il ? Je me vois donc contrainte d'aller déranger Jacqueline et Alain, puisqu'ils possèdent eux aussi un trousseau. Quand j'arrive, ils sont en train de finir leur repas sur la terrasse. Jacqueline se dresse devant moi, me foudroie du regard, et sans même répondre à mon bonsoir, me lance d'un ton glacial : « Ah ! Tu viens pour les clés ! » Je suis fort décontenancée par son hostilité inattendue.

Je bafouille des excuses pour les avoir dérangés et repars avec les clés. J'ai tôt fait de m'apercevoir que mes clés sont différentes. De toute évidence, Dorian était revenu juste avant moi

164

avec l'intention précise de changer les serrures pour me prendre au dépourvu. En outre il a vraisemblablement monté les voisins contre moi, tandis qu'il m'avait fait croire que je serais accueillie à bras ouverts. Ma déconvenue n'en a donc été que plus grande. Mes amis sont choqués. C'est un stratagème de plus n'ayant pour seul but que de me déstabiliser et de me discréditer auprès de personnes que je considérais comme des amis et qu'il a réussi à retourner contre moi.

Le lendemain j'en ai la preuve.

Bénédicte et moi allons au village rendre visite à une autre amie Liliane, ainsi qu'à sa famille. Étant donné ma désagréable surprise de la veille, je ressens une certaine appréhension. Heureusement, je reçois un accueil des plus chaleureux. C'est un énorme soulagement pour moi. Au cours de notre conversation, mes amis me racontent qu'ils ont eu la visite récente de Dorian. La sœur de Liliane ajoute qu'il avait l'air fort déprimé, la tête basse et la larme à l'œil. À ces mots, mon amie Bénédicte, qui venait d'être témoin de la scène avec mes voisins, s'insurge : « Attention, dit-elle, Dorian est un sacré comédien ! » La mère de Liliane renchérit : « Ah ! Qu'est-ce que je vous avais dit ? » Puis elle se tourne vers moi : « Je voyais bien, moi, qu'il manquait de sincérité ! Alors que toi, Amélie, je l'ai vraiment ressentie, ta souffrance ! »

Je suis bouleversée par cette compassion et les larmes me viennent aux yeux. Je ne suis pas habituée à tant de compréhension, tant de véritable compassion. À ce moment-là tout devient clair : Dorian a joué à la pauvre victime devant les voisins, se plaignant d'avoir été mal aimé et traité injustement, larmes de crocodile à l'appui. Ce seul épisode met en lumière toutes les comédies, tous les stratagèmes qu'il a utilisés pour me séduire, me manipuler, me dévaloriser et me contrôler comme il le faisait pour son environnement. Dorian a agi là comme il l'a fait toute sa vie. Cette fois-ci encore, il a su s'attirer l'affection de personnes pour se les mettre dans la poche, pour mieux les utiliser, les traiter comme des objets, se faire valoir en réduisant les autres, en me réduisant. Et moi de mon côté, j'ai beau avoir saisi son manège, l'attitude glaciale inattendue de ma voisine m'a profondément blessée et même si elle a essayé de se racheter le lendemain, prise d'un doute peut-être, en nous invitant Bénédicte et moi à venir prendre le thé, je sais que c'est un lien entaché, qui ne sera plus jamais comme avant.

Dorian déménage au mois de septembre, pour le plus grand soulagement de mes filles, ce qui me surprend tout de même. Je découvre qu'elles aussi se sentaient prisonnières, subissaient son emprise et vivaient mal leur quotidien avec lui. Je tombe encore des nues : moi qui pensais les protéger en restant avec leur père... Elles m'avouent alors qu'elles se font du souci pour moi depuis longtemps. Les confidences et les révélations se multiplient et je n'ai pas fini d'être choquée. Enfin nous pouvons parler à cœur ouvert, et partager ensemble notre soulagement.

Les fourberies de Dorian se poursuivent pendant la procédure de divorce : tout est bon pour tirer la couverture à lui. Comme ce jour où il annonce que son entreprise va faire faillite. Mon avocate veut examiner ses comptes, mais aussitôt, comme par hasard, il trouve une solution pour rétablir la situation de son entreprise. Quelle ironie de voir Dorian faire des pieds et des mains pour me dédommager le moins possible, lui qui s'est si bien servi de moi, grâce à toutes ses manipulations, pour s'économiser une petite fortune, tout en m'empêchant d'acquérir une indépendance financière !

Les rebondissements se succèdent ainsi sans relâche jusqu'à la conclusion du divorce… Et bien au-delà.

Mathilde

Après mon départ d'Italie, je me réfugie chez ma mère avec mes deux enfants ; je me trouve dans le dénuement le plus total. Ma sœur me donne des vêtements, tandis que ma mère nous loge et nous nourrit. Je ne sais toujours pas quoi faire, est-ce qu'il me faut retourner auprès de Frédéric ? Perdue, je commence enfin à parler, à raconter ce que j'ai vécu. Ma famille est consternée : ils avaient bien senti mon mal-être, mais ils étaient loin d'imaginer mon calvaire. Face à leurs réactions fortes et vives, je commence à réaliser peu à peu que ce que j'ai vécu n'est pas normal, et je sors ainsi de ma léthargie.

Je ne retournerai pas en Italie auprès de mon mari. Et aussi douloureux que ce soit encore, j'admets qu'il me faut prendre un nouveau départ, ici, avec mes enfants. Je les inscris donc dans une école de campagne, près de chez ma mère, et un nouveau parcours commence. Par l'intermédiaire d'associations, j'entreprends toutes les formalités administratives : je m'inscris à la CMU[1], fais les démarches pour percevoir l'API[2], puis je me mets à la recherche d'un emploi. Sur les conseils de mes proches et grâce à leur soutien, je me rends également plusieurs fois par semaine à des groupes de parole animés par des psychologues. Progressivement, je prends conscience de tout ce que j'ai vécu. Le réveil après des années d'anesthésie est douloureux : ce que j'ai connu avec Frédéric s'apparente ni plus ni moins à un lavage de cerveau.

Les moments d'angoisse sont nombreux. Comment ai-je pu accepter cela ? Je me sens d'autant plus fragile que Frédéric, bien entendu, cherche par tous les moyens à me reconquérir. Ses tentatives relèvent du harcèlement. Ainsi, mon mari m'écrit de longues lettres et m'appelle tous les jours pendant des heures. Il fait son *mea culpa* avec beaucoup de larmes et de plaintes. Il m'explique qu'il comprend ma souffrance, qu'il reconnaît ses erreurs, mais pour autant il les met sur le dos de son surmenage professionnel. Il me dit encore combien je lui manque, combien il souffre d'être séparé des enfants. Il va jusqu'à me proposer de séparer la maison en deux pour que je continue à vivre sous le même toit que lui. D'ailleurs il continue d'inscrire les enfants à l'école franco-italienne à la rentrée suivante et paye même l'inscription, assez onéreuse, alors qu'il n'est pas question que nous revenions en Italie.

1. CMU : couverture maladie universelle.
2. API : allocation de parent isolé.

Je ne réponds à aucune de ses lettres mais l'impact de ses coups de téléphone est terrible. Devant ses pleurs et ses lamentations, je finis par douter du bien-fondé de mon départ et j'en arrive même à me dire que c'est moi qui le torture, que c'est lui la victime. Après tout, mon départ l'a rendu très malheureux, et puis j'ai coupé mes enfants de leur père, de l'univers auquel ils étaient habitués, de leur école, de leur maison, de leurs copains ; en France, ils n'ont plus rien, si ce n'est la famille. Dans ces moments de confusion, mon entourage est essentiel pour me ramener à la raison, la vraie, et pour me rappeler ce que j'ai subi, m'empêcher d'avoir honte, de culpabiliser.

Un soir, alors que je suis assise sur le lit de ma mère et que j'ai Frédéric au téléphone, toujours en train de se justifier, il me dit : « Mais enfin, je ne te frappais pas tous les jours, quand même… » Ma mère, présente à ce moment-là, reste suffoquée par ces mots. Elle sort de la pièce en hurlant. Je vois bien cette fois-ci que le raisonnement de mon mari n'a pas de sens. Le masque tombe petit à petit, je ne l'admire plus, j'apprends à mettre les distances, tout se passe comme si je me désintoxiquais.

Par la suite, quand Frédéric s'aperçoit qu'il ne s'agit pas de séparation temporaire mais bien d'une rupture définitive et quand il comprend que ses tentatives de reconquête échouent, sa violence rejaillit de plus belle. Cet échec est intolérable pour lui et sa colère est terrible.

De mon côté, j'ai entrepris des démarches pour clarifier la situation aux yeux de la justice. Lors de l'ordonnance faite par le juge, il a été décidé que mon mari aurait les enfants la moitié des grandes vacances d'été et de Noël et l'intégralité de toutes les petites vacances scolaires. Mais la loi pose problème à Frédéric. Il sait que la loi doit être respectée mais il ne la supporte pas. Alors il la contourne sournoisement. Il se met à faire preuve de mauvaise foi. Il ne respecte pas les termes de l'ordonnance de non-conciliation et ne ramène jamais les enfants en temps et en heure, ou alors il les prend à sa convenance, en prévenant au dernier moment. Ainsi, Frédéric s'arrange pour venir chercher les enfants le week-end de la fête des Mères, quelques mois après mon départ. Je ne m'y oppose pas, consciente que les enfants doivent garder un lien avec leur père, cependant je ne peux m'empêcher de relever que la date n'est pas anodine : une fois encore il a voulu me blesser en me privant d'un moment important avec les enfants. Mais c'est fini. Je n'éprouve aucune haine envers lui, cependant je sais dorénavant qu'il ne peut plus rien contre moi. Ce qui se passe, c'est que j'en ai tellement vu d'autres avec lui que je commence à être comme vaccinée, cela ne m'atteint plus.

Pour les vacances de Noël, Frédéric doit ramener les enfants le jour du 30 décembre. C'est ma fille, que j'appelle régulièrement en Italie, qui m'apprend qu'ils ne rentreront qu'après le Nouvel An, sous prétexte qu'il n'y a pas de vol à ce moment, alors que leur père était censé avoir pris les billets au mois de novembre. Même loin de lui, il arrive à me mettre devant le fait accompli et à me priver du bonheur essentiel de passer les fêtes avec mes enfants. Je suis inquiète, et surtout, pour la première fois, révoltée.

Il cesse maintenant de m'appeler et refuse d'avoir quelque conversation que ce soit avec moi, alors qu'il faudrait que nous échangions un minimum au sujet des enfants. Il fait preuve d'un entêtement forcené, comme un taureau qui fonce tête baissée dans l'arène. Les seuls contacts qu'il tolère sont les messages électroniques. Dorénavant il ne peut gérer autrement la situation qu'en me niant totalement. En vérité il est incapable de gérer ce qu'il vit. Si je ne lui appartiens plus, alors je ne dois plus exister, car sans moi, sans l'objet que je représentais, son fonctionnement n'a plus de sens. Il va même jusqu'à dire aux enfants, en déchirant devant eux des photos de moi, que je suis morte. Les enfants bien sûr ont rapidement compris qu'il était impossible de parler de moi en sa présence : je suis devenue un tabou. Dans sa perversité, il va jusqu'à aller chez un psychiatre pour leur faire dire, sous la pression de la terreur qu'il leur inspire, qu'en réalité c'est moi qui suis maltraitante et manipulatrice.

Heureusement pour moi, j'ai pris les devants et les enfants ont vu différents experts pédopsychiatres qui ont détecté rapidement le problème. Et surtout, maintenant, ils sont suffisamment grands et lucides pour me parler. Leur père le sait, c'est ce qui paradoxalement les protège de lui et évite le pire. Il a été démasqué et je sais qu'il ne changera jamais, mais au moins il essaie de sauver les apparences, dont il est si soucieux, en présence de ses enfants.

Pendant ce temps, il faut aussi que nous réapprenions à vivre en France. Le mode de vie que nous avons eu en Italie ne s'efface pas du jour au lendemain. Les enfants, habitués à la brusquerie et à la violence, continuent à se disputer brutalement, à hurler avec agressivité, mon fils surtout se bat beaucoup à l'école et n'arrive pas à s'intégrer. La violence fuse dans tous les sens. Un jour, nous retrouvons chez ma mère tous les murs couverts d'écritures des enfants, alors que les tapisseries viennent d'être refaites. C'est l'aînée qui a incité le plus petit à faire cette bêtise, mais elle se tait et laisse son frère se faire punir. Et moi, devant cet acte parlant, je ne sais comment gérer tout cela, par quel bout les aider à trouver un équilibre. Ce que je me promets, c'est que je ne les laisserai pas être malheureux.

Je décide donc de demander de l'aide et je fais appel à des psychologues, pendant que, de mon côté, j'explique aux enfants qu'à partir de maintenant, ce qu'il doit y avoir de plus important, de plus fondamental, c'est le respect. Finies la violence, l'humiliation, la cruauté. C'est ainsi que les enfants petit à petit reprennent une vie normale, faite de choses élémentaires, essentielles : l'école, les camarades, les jeux.

Carole

Depuis que j'ai mis des mots sur mon histoire, je commence à y voir clair. Enfin. Enfin je comprends que ce n'est pas seulement mon caractère trop entier qui est à l'origine de tout ce qui m'est arrivé, ni même le simple fait que Jean et moi ne nous entendions pas au quotidien. La réalité, c'est qu'avec cet homme, aucune autre relation n'aurait été possible. Non, je ne suis pas folle !

De toute façon, la procédure de séparation est en route. Le juge décide que mon mari doit quitter le domicile conjugal à l'automne, moyennant une pension alimentaire bien supérieure au SMIC, par devoir de secours. Je trouve la somme exorbitante, d'autant que je dois financer les études onéreuses de mes enfants, que je vais assumer évidemment toute seule. Cela me révolte, je vois bien qu'une fois toutes les charges payées, il me restera moins pour vivre que ce que je donnerai en pension à Jean. Mais on ne me donne pas le choix : c'est le prix à payer.

Grâce au séminaire et à mes quelques entretiens avec les psychothérapeutes, je trouve des astuces pour supporter le quotidien et mettre Jean face à la réalité. En effet, je comprends que, toutes ces années et en dépit de mes protestations, je n'ai pas su garder mon cap. Toujours dans l'action, animée par l'envie de résoudre des problèmes qui ne pouvaient pas l'être, je n'ai pas pris le temps de confronter Jean à ses contradictions, à ses mensonges. Qu'à cela ne tienne, maintenant je sais quoi faire et surtout comment !

Pour commencer, je fais cesser petit à petit le chaos qui règne dans cette maison. Il est temps de fixer certaines règles. Je fais donc remarquer à mon mari que, comme toutes ses affaires sont réunies dans la chambre d'amis et que les miennes sont rangées dans la chambre conjugale, il est logique que nous arrêtions d'alterner nos places chaque mois. Jean hurle, crie, m'insulte mais cette fois je tiens bon : je sais que j'ai raison. Devant ma détermination, mon mari se replie donc dans la pièce du bas. Il commence à se plaindre d'être ainsi rejeté, et range certaines de ses affaires dans un coffre-fort fermé par un cadenas. Sa tentative de me faire culpabiliser ne fonctionne pas, je reste sourde à son discours et indifférente à ses actes.

Jean se plaint de ne plus trouver de stylos, il hurle qu'il n'a plus de chaussettes ? C'est ce que nous allons voir… Je fais le tour de notre maison et ramasse tout ce que je trouve. Après avoir passé en revue les moindres recoins, je fourre tous les stylos dans un pot et le pose sous le nez de Jean, sans dire un mot. Quant à ses chaussettes, je les étale une à une sur son lit, qui s'en retrouve bientôt jonché. Idem pour les conserves : au lieu d'aller racheter illico ce que, d'après Jean, il manque, je dégage une étagère sur laquelle je dispose tout ce que j'ai trouvé dans nos placards.

En bref, je mets mon mari en face des faits, je me refuse désormais à alimenter ses délires. De la même façon, j'ignore les insultes et les reproches qu'il ne manque pas de m'adresser. Plus de justifications, plus de compréhension, ce temps-là est révolu. Je me contente d'échanger le minimum syndical relatif au concret qu'impliquent encore notre quotidien commun et notre rôle de parents. Et cela fonctionne !

Toutefois, l'échéance fixée par le juge approche et Jean ne bouge toujours pas. Depuis quelque temps, je le vois s'asseoir dans la maison, revues d'immobilier en main, et entourer des offres de location. Il devrait avoir trouvé depuis le temps ! Un jour, une connaissance m'apprend que Jean a trouvé un appartement depuis plusieurs semaines, non loin de notre maison. Je suis outrée. À quoi rime donc son petit cinéma ? ! Je décide de prendre sur moi et d'attendre le bon moment pour le mettre face à son comportement. Ainsi, un matin, alors qu'il dit à notre fils qu'il n'a toujours pas trouvé d'appartement et qu'il va finir sous les ponts, je le reprends calmement : « Si, Jean, tu as trouvé un logement depuis plusieurs semaines, je suis au courant. » Puis je me tourne vers mon fils pour le rassurer : « Ne t'en fais pas, ton père a un toit sur la tête, ça va bien se passer. » Mis devant le fait accompli, mon mari emmène ses biens hors de la maison dès le lendemain. Le lit a donc disparu… Pourtant, Jean reste dans sa chambre qu'il ne quitte quasiment plus à présent, et semble préférer dormir par terre, enfermé à double tour. Je suis épuisée, mais j'essaie de ne pas le montrer. Je n'ai qu'une peur : que mon mari ne s'en aille pas. Ma seule consolation est de le savoir dans la pièce du bas, tout près de la porte de sortie. Le matin de l'échéance fixée par le juge, à mon grand soulagement, Jean s'en va enfin.

Une douloureuse rétrospective

Mathilde

Avec le recul, aussi étrange que cela puisse paraître, je me dis parfois que les coups, ce n'est pas nécessairement ce qui détruit le plus. Le pire est sans doute d'avoir vécu en ayant cru que je ne valais rien, alors même que chaque jour je me démultipliais pour satisfaire mon mari, pour être une bonne mère, une bonne épouse.

« Avance, jantes larges ! Tu ne t'étais pas aperçue que tu avais un gros cul ? », « Tu gagnes de l'argent de poche ! Tu devrais faire le tapin, ça rapporterait plus », « Tu es folle, va te faire soigner », « Ça fait quinze ans que je ne te supporte plus ! » Toutes ces phrases me semblent terribles aujourd'hui, et me rappellent à quel point je me suis oubliée. « Tue-moi si tu ne me supportes plus », voilà ce que je répondais à mon ex-mari. La mort ou l'asile. À l'époque, je ne voyais pas d'autre issue.

J'ai accepté de ne plus avoir de prénom. En public, Frédéric disait « mon épouse » pour me désigner. Mais en privé, dès qu'il s'adressait à moi, qu'il avait besoin de moi, il me hélait. Dans l'Antiquité, les esclaves n'avaient certes pas de nom,

177

mais ils avaient au moins un prénom. Moi, je m'étais laissé réduire à moins qu'une esclave.

Quand je pense à tout ce que je vérifiais, à tous les comptes que je lui rendais, cela me fait frémir. « Je suis Dieu », me disait-il, il le croyait très fort sans doute… Et moi aussi. Le pommeau de douche est-il dans le bon sens ? Ai-je bien enlevé les cheveux de la brosse après m'être coiffée ce matin ? Si j'ouvre le couvercle de la cocotte-minute, cela ne va-t-il pas provoquer des éclaboussures sur le mur et mettre Frédéric en colère ?

Je me suis posé toutes ces questions, quotidiennement, en proie à une peur qui s'est finalement muée en terreur. Au fil des années, je me suis laissé déposséder de mon corps et de mon esprit, de mes convictions aussi. J'ai laissé mon ex-mari me maltraiter et maltraiter mes enfants. Je n'ai plus été qu'une silhouette aux contours flous.

Lorsque je relis mes carnets de l'époque, j'aperçois des amorces de phrases jamais terminées, je devine des tourments jamais formulés, masqués par des mots à peine désabusés. Déni. J'ai été dans le déni, longtemps, si bien que mes mots ne passaient plus le seuil de ma gorge quand ils étaient trop douloureux à prononcer.

J'avais fermé les portes, et même si les ouvrir aujourd'hui est douloureux, je suis heureuse d'avoir fait un autre choix que celui de vivre le supplice.

Carole

Au début, je me suis dit que je pouvais être reconnaissante envers mon mari de s'être occupé des enfants. Après tout, c'est également pour cela que j'ai toléré si longtemps qu'il cherche sa voie professionnelle. Si la situation avait été inversée, si j'avais été le mari travaillant et lui la femme au foyer, tout le monde aurait pensé que le parent au foyer aurait en effet fait un sacrifice, au profit du conjoint, qui n'a à s'occuper de rien quand il rentre après sa journée de travail.

Et puis une nuit, je me redresse dans mon lit, en sursaut, traversée par un éclair de lucidité inédit. Je réalise soudain que les amies que j'ai sont des mères au foyer… Que j'ai rencontrées à la sortie de l'école ! C'est donc que j'étais là aux sorties d'école ! D'ailleurs j'y étais tous les jours ! Et tout s'enchaîne : je me revois conduisant les enfants à l'école, à leurs activités du mercredi, participant aux réunions scolaires, m'occupant du rangement de la maison, de nos finances, des dossiers administratifs, consacrant une partie de mon salaire à payer une femme de ménage, parce qu'il fallait du temps libre à Jean pour sa formation professionnelle. Je me revois même, tard le soir, coudre des déguisements pour les enfants et préparer toutes les fêtes qui pouvaient leur faire plaisir et que j'organisais entièrement seule. Puis je regarde par la fenêtre et je prends d'un seul coup conscience que le jardin dont il prétendait s'occuper ne ressemble à rien.

J'en suis effarée. Ma mémoire se déroule comme une bobine de fil tombée par mégarde : Jean s'est arrêté de travailler plusieurs années avant la naissance des enfants ! D'ailleurs, a-t-il réellement travaillé un jour, comme la plupart des gens ? Sa motivation n'était donc pas d'être père au foyer, comme il le dit à qui veut l'entendre ! Je réalise d'un seul coup qu'en réalité Jean a démissionné de son dernier petit job un mois à peine après l'obtention de mon diplôme il y a déjà vingt-cinq ans ! Je vois clairement qu'il a réussi à s'installer dans un système dont il a pu profiter à son seul avantage. Je comprends enfin son angoisse à l'idée de perdre la poule aux œufs d'or que je représentais pour lui. J'étais son gagne-pain qui justifiait qu'il ne cherche pas à assumer ses propres faiblesses, ses propres manques, ce dont il est profondément incapable. Voilà comment il n'a jamais travaillé.

J'ai soudain le sentiment d'avoir été naïve, de n'avoir rien vu, rien compris. Finalement mon mari s'est arrangé depuis toutes ces années pour que je l'entretienne, tout en me faisant croire que je n'en faisais jamais assez, que je n'étais pas une bonne mère, que je n'étais pas assez présente. Et lui ? Pendant toutes ces années qu'a-t-il donc fait de ses journées ?

En rangeant la cave, avant que Jean ne parte, j'ai découvert, intercalés sous une planche, deux carnets remplis de son écriture. Au milieu de tous ses mots jetés en vrac, mes yeux se sont accrochés à des phrases qui me poignardent : « Tant que je suis avec ma femme, je n'irai pas travailler », « Je n'ai que des avantages dans ma situation : repas, lit… », « Ma femme est une mégère ». Voilà donc ce qu'il pensait pendant toutes ces années !

Je l'entends encore m'insulter : « Espèce de folle, va te faire soigner ! », « Tu sens la pisse », « Salope, sorcière », « Tu m'as trompé, c'est ça ? ». Je n'ai jamais trompé mon mari, je n'y ai même jamais songé. Pas plus que je n'aurais pensé vivre cette vie lorsque je me suis mariée. Ce qui me fait mal aujourd'hui encore, c'est de penser que Jean a dit tout ça devant nos enfants. Il les a pris à partie, et d'une certaine façon, il les a montés contre moi.

Il va nous falloir du temps pour nous retrouver, les enfants et moi, du temps pour arrêter de nous affronter. Et tout ce que je souhaite, c'est que l'on y arrive.

Amélie

Quelque temps après notre divorce, Dorian m'a adressé une lettre dans laquelle il me disait regretter ses comportements vis-à-vis de moi. « Je suis désolé, vraiment désolé », telle est la formule qui revient à chaque paragraphe de sa missive. Même si j'en avais envie, comment pourrais-je le croire ?

Je me souviens de sa mère, me disant que, tout petit déjà, Dorian savait ce qu'il voulait et qu'il se débrouillait toujours pour l'obtenir. Il adorait jouer au marionnettiste et s'essayer aux tours de magie, paraît-il. Comme c'est étrange. Les excuses ne valent rien, pas plus que les promesses. S'il y a bien quelque chose à retirer de mon histoire, c'est ce constat-là.

« Toi qui es myope, tu ne survivrais pas deux minutes dans un milieu naturel », « As-tu déjà entendu parler du système de Pavlov ? C'est incroyable de voir comment on peut conditionner le comportement des animaux pour les mettre à sa merci », « Les femmes sont moins intelligentes que les hommes », « Je trouve que tu as pris un peu des cuisses quand même ». Naturaliste et misogyne, voilà l'homme que j'ai choisi d'épouser ! Heureusement que j'ai enfin trouvé la force de partir.

« Je pensais que tu mettrais de l'ordre dans ma vie, mais en fait c'est moi qui ai mis du chaos dans la tienne. » Voilà sans doute la phrase la plus juste que Dorian ait jamais prononcée. Combien de fois ai-je eu honte de ces dîners entre amis où Dorian monopolisait la conversation, ou quand il interrompait quelqu'un pour engager le débat sur un sujet qu'il connaissait mieux ? Combien de fois a-t-il annulé une sortie au cinéma à la dernière minute, alors que je me réjouissais tant à l'idée d'aller enfin voir un bon film ? Combien de fois m'a-t-il reproché mon manque d'initiatives, alors même qu'il rentrait à heure variable, sans jamais laisser de prise sur son emploi du temps ?

Et toutes ces fois où j'ai été tournée en dérision, à cause de ses réflexions sur moi en public… « Désolés pour le retard, c'est à cause d'Amélie, elle a passé un temps fou à masquer ses boutons », « Amélie est toujours aux toilettes ? Elle doit être en train de se curer les dents ! Maintenant qu'elle a un joli appareil dentaire, les dîners sont une épreuve ! »

Je suis d'accord sur un point avec mon ex-mari, et pour l'exprimer je reprends la phrase qu'il s'est plu à m'assener à maintes reprises : « Quand on aime quelqu'un, on ne lui fait pas de mal. »

À l'écoute
de mes désirs

Carole

Maintenant il faut tout reconstruire. La première chose à faire est de me réapproprier ma maison. Je décide de prendre les choses en main, et je fais installer un bassin dans mon jardin que je veux remettre en état. Je fais abattre les deux arbres vieux et laids qui parasitent l'espace, une pelleteuse creuse un énorme trou pour le bassin, mon jardin est sens dessus dessous, mais je sens que c'est le chemin du bonheur !

Cependant je n'arrive pas à déployer autant d'énergie et de volonté que je le voudrais. Quand je rentre le soir, je n'en peux plus. La maison me paraît n'être qu'un champ de bataille après le combat, où ne restent que des cadavres et des armes abandonnées : il n'y a que les quelques meubles récupérés que mon mari n'a pas daigné mettre à la déchetterie, lui qui voulait toujours tout jeter. De toute façon, à quoi bon faire des efforts ? Puis petit à petit, je me rends compte que, pour mes enfants comme pour moi, je ne peux pas rester dans cette situation. Il faut que je me batte, que je leur montre que l'on peut arriver à changer les choses si l'on s'en donne les moyens, je veux leur montrer l'exemple. Pourtant, je ne sais par où commencer. Cela me semble insurmontable, cette maison faite de bric et de broc me paraît peu accueillante, vide, et je m'y sens si peu chez moi que je ne sais plus où j'en suis.

Devant mon désarroi, mon amie Claire, que j'ai rencontrée à la sortie des classes et qui est une vraie fée du logis, décide de m'aider. Petit à petit, je nettoie le sous-sol, je trie, je range, puis elle me conseille pour mon jardin, pour la décoration, elle donne un coup de peinture, me pousse à acheter deux petits fauteuils crapauds bon marché, une lampe… Au bout de plusieurs mois, ma maison cesse d'être le camping qu'elle a été pendant vingt-cinq ans.

Et voilà qu'un soir où, épuisée par ma journée de travail, je m'affale dans mon canapé qui revit depuis que des coussins y sont apparus, je m'aperçois que Claire est venue en mon absence et m'a fait une surprise. Elle a accroché aux murs deux aquarelles qu'elle a peintes spécialement pour moi. Tout à coup je suis submergée, c'est plus fort que moi. Je suis tellement émue devant cette gentillesse que je me mets à pleurer, toute seule sur mon canapé. Je suis bouleversée par tout un tas d'images et de pensées qui se bousculent dans ma tête. Je ne savais pas que je pouvais faire l'objet d'une telle attention, que quelqu'un pouvait me faire des cadeaux surprises, juste pour me faire plaisir. Puis je m'aperçois que je suis bien chez moi, tout simplement. Cela ne m'était jamais arrivé. Jusqu'alors, dans ma propre maison, j'étais toujours sur la défensive, toujours en train de chercher mes affaires en râlant, toujours à craindre que mon mari surgisse prêt à m'incendier, à déclencher une dispute.

Là, devant ces deux aquarelles si bienveillantes, qui rendent mon intérieur juste un peu chaleureux, je me sens enfin moi-même. Et je ne savais pas que c'était possible. Ce grand ménage de printemps me fait du bien : les verres ne sont plus dans la chambre d'amis, les papiers administratifs sont classés et rangés au bon endroit, et toutes les assiettes sont dans le même placard. Je ne m'inquiète plus pour le linge ou pour des affaires qui pourraient disparaître. Je remets enfin de l'ordre dans ma vie, désormais j'ai l'esprit clair lorsque je rentre chez moi.

Je reprends également le dessus dans ma vie professionnelle. J'avais depuis longtemps abandonné la chirurgie, tant je ne me sentais pas à la hauteur. J'ai d'abord eu à gérer mon infirmité pendant une dizaine d'années, et puis j'avais peur de ne pas y arriver et ma nervosité me handicapait. Voilà que je retrouve l'envie d'aller de l'avant, de m'améliorer, de me lancer des défis ! Grâce à une équipe encourageante et attentive, je me lance dans des opérations un peu plus élaborées, et les portes s'ouvrent devant moi. Ma vie change vraiment et devient intéressante, comme j'aurais toujours voulu qu'elle soit.

Malgré tout, le divorce n'avance pas et le bilan de ces années de mariage reste douloureux. Jean me met des bâtons dans les roues et je passe beaucoup de temps à étudier les papiers juridiques concernant la procédure pour ne pas me faire berner une fois de plus. Je ne suis pas tout à fait sortie d'affaire, c'est un peu les montagnes russes dans ma tête.

Amélie

En dépit des coups durs, des innombrables embûches, des dépenses d'énergie et d'argent, j'arrive tant bien que mal à tenir le cap. Enfin libérée des diktats de Dorian, je peux me consacrer à une activité professionnelle à plein temps et dans laquelle je m'épanouis, retrouvant non seulement une indépendance financière mais aussi le sentiment d'une véritable identité sociale.

Le divorce officiel se conclut dix mois plus tard, ce qui me soulage un peu. Malgré tout, je ne me fais pas d'illusions : Dorian et moi sommes parents de quatre enfants, les questions pratiques et financières les concernant sont loin d'être toutes résolues.

Mais qu'importe : la vie est tellement mieux sans lui ! Sur les conseils de mon avocate et de ma psychothérapeute, j'ai renoncé à mon désir de quitter la maison. Il n'a pas été facile de lutter contre l'envie de partir, le plus loin possible, mais bien évidemment j'ai voulu rester auprès de mes enfants. À l'issue de notre divorce, il a été décidé par le tribunal que je conserve le domicile familial. Après notre séparation, Dorian n'a pas trouvé mieux que de s'installer dans sa garçonnière à quelques mètres à peine de la maison. Cependant, après y être resté pendant plus d'un an et demi, il a fini par s'en aller...

De mon côté, je commence par réaménager la maison avec mes filles. J'entreprends quelques travaux de rénovation nécessaires d'abord, puis je remets peu à peu de l'ordre dans mes affaires. Après avoir consulté Dorian, mes filles et moi décidons de vendre le fameux piano qui a encombré le salon familial toutes ces années. Quelqu'un finit par le prendre et l'emmène un beau jour. Mes filles et moi poussons un soupir de soulagement en voyant s'éloigner ce monstre sur pattes, cette chose noire et étouffante qui nous a si longtemps privées d'espace.

J'ai vite fait de me débarrasser de notre lit immense qui prenait lui aussi tant de place et dont le sommier était de toute façon cassé et mal réparé. Je prends grand plaisir à me choisir un lit tout neuf, à mon goût. Quelle audace ! C'est mon lit à moi, sans passé, comme une page blanche, le début d'une nouvelle histoire. Je choisis une jolie couette. Je remplace les rideaux par d'autres de couleur claire et suis stupéfaite de voir comment cela suffit à transformer ma chambre. Comme un souffle de printemps, frais, léger et plein de promesses.

Au fil de mon parcours de combattante, mes amis surgissent comme par magie d'un peu partout, m'entourent et me soutiennent. J'ai l'impression qu'un cercle invisible s'est doucement tissé autour de moi ; des coups de fil inattendus, des visites imprévues, des invitations, des mots dans la boîte aux lettres et même des bouquets de fleurs qui apparaissent sur le paillasson, petites surprises colorées et tendres déposées par des mains amies. Non, je ne suis pas seule. Je me sens protégée. Des pensées affectueuses, des regards bienveillants et des paroles réconfortantes volent vers moi. Certains de mes amis osent enfin me révéler ce qu'ils ont toujours pensé de mon mari : un parasite, égoïste, hypocrite, cruel, fanatique du contrôle et j'en passe, en somme un sale type. J'en suis surprise et soulagée à la fois, leur opinion me conforte dans mon choix : j'ai vraiment bien fait de divorcer.

Carole

Tandis que la reconquête de ma maison me permet de me retrouver, le plus étonnant pour moi est d'avoir à renouer des relations harmonieuses et saines avec les autres, en particulier avec les hommes. C'est que pendant toutes ces années je n'ai jamais, jamais connu d'autre homme que mon mari. J'ai beau être intrépide et volontaire, pour moi le mariage, et la fidélité que cela impliquait, était une chose sacrée. J'étais terrifiée à l'idée que ce puisse être équivoque, qu'un trouble ne s'installe. Et puis, comme on le sait, les crises de jalousie de mon mari ont achevé de me faire craindre la simple présence d'un autre homme.

Maintenant que je suis seule et que mon mari a quitté le domicile, maintenant que je réapprends à être moi-même, je me retrouve tout le temps invitée chez mes amis. Je revis. Pourtant, il n'est pas question pour moi d'entretenir une relation amoureuse avec un homme. La peur absolue de me retrouver prise dans de nouveaux filets me fait fuir. Et puis je n'imagine même pas qu'à mon âge je puisse retrouver quelqu'un : c'est trop tard pour moi, j'ai passé mon tour. J'ai connu un coup de foudre il y a vingt-cinq ans et je m'en mords encore les doigts. C'est bête à dire, mais j'ai l'impression de n'avoir jamais su ce qu'était vraiment l'amour et à mon âge je ne vois vraiment pas comment je pourrais le savoir un jour. Tant pis pour moi, je ne me sens pas assez bien pour ça.

Un jour pourtant, je rencontre un homme qui me semble cultivé, intéressant, et qui me propose de prendre un verre… Je décide alors de me lancer ! Me voilà donc partie au volant de ma vieille voiture, en direction de la ville et de notre point de rendez-vous. Malheureusement, le stress me fait perdre mes moyens et je me gare dans le mauvais parking souterrain, bien trop loin du lieu de rendez-vous. Résultat des courses : je fonce dans les rues vers le restaurant, en espérant ne pas arriver trop en retard. Bien entendu il pleut des cordes et j'arrive dans le restaurant trempée comme une soupe. Je m'installe, j'essuie mon visage mouillé, je regarde autour de moi, une demi-heure passe… Et je me rends compte que je me suis trompée d'endroit. Marche arrière toute ! Renseignements pris, je me lance dans la bonne direction cette fois-ci et arrive, dans un état de nervosité avancé, dans le bon restaurant.

Je découvre alors un homme charmant, qui ne semble en rien affecté par mon retard. Il est habillé avec soin, se montre attentif et respectueux, et de surcroît soucieux de me faire plaisir. C'est à peine si j'y crois. J'ai l'impression d'être dans un rêve et cela me paraît être un autre monde. Ainsi, on peut passer d'agréables moments avec un homme, sans être mal à l'aise avec lui, sans redouter ses réactions ? Je n'en reviens pas. Cela dit, je demeure extrêmement tendue. C'est la première fois de ma vie que je suis avec un homme dans un restaurant et qu'il ne me fait pas une scène ! Y a-t-il une faille quelque part ? J'accepte néanmoins un autre rendez-vous, quelques jours plus tard. Je prends à nouveau ma voiture, roule un moment, me gare devant le restaurant où nous avons rendez-vous… Et là, ma voiture me lâche. Appelez-moi Calamity ! En dépit de cet incident, je passe un bon moment avec cet homme charmant, puis je décide de repartir. Voyant ma voiture en rade, il me propose de me raccompagner chez moi et je trouve son attitude très courtoise. Malheureusement, par besoin de me protéger, je lui ai menti sur ma véritable adresse. Calamity, vous dis-je ! Il va me falloir dépasser la honte de ce pieux mensonge pour rentrer au bercail !

Après quelque temps d'une relation douce et empreinte du plus grand respect, cet homme et moi décidons de rester tout simplement amis, nos aspirations n'étant pas tout à fait les mêmes. Un peu plus tard, je fais une autre rencontre. Je découvre là encore un homme attentionné, qui me pose des questions sur mes envies. Mes envies ? Qu'est-ce que c'est ? ! Grâce à lui, je m'autorise peu à peu à être moi-même. Sur ses conseils, je m'achète une voiture neuve pour remplacer l'épave qui me tient lieu de véhicule depuis des années. Je peine à faire cet achat… C'est Jean qui avait une belle voiture, moi je m'en fiche après tout. Mais mon ami ne me laisse pas faire : « Le modèle te plaît ? La couleur aussi ? Allez, prends les options avec, va jusqu'au bout ! » Non, tout de même, ce ne serait pas raisonnable d'acheter aussi le GPS ! Finalement je prends le tout. Dans les premiers temps j'ai un peu de mal à assumer cet achat, cependant amis et patients sont là pour me soutenir et me rappeler que je marche dans la bonne direction.

Car désormais j'échange aussi beaucoup plus avec mes patients et patientes ! L'une d'elles me dit d'ailleurs un jour, alors que j'évoque mon histoire : « Avant pour vous c'était le Moyen Âge, maintenant c'est la Renaissance ! » C'est vrai. Maintenant je prends soin de mon corps et de mes vêtements, j'ai même une trousse à maquillage ! Suite à l'opération j'ai retrouvé mon autonomie et mes activités sportives. Tout cela fait du bien et, à presque soixante ans, je découvre enfin la vie !

Mathilde

C'est lorsque je retrouve un travail que je remets réellement le pied à l'étrier. Moi, formatrice ? ! Mais oui, j'en suis capable, je le vois bien à présent. Mon nouveau travail, dans lequel j'accueille des personnes en réinsertion professionnelle, me permet de sentir que je suis passée de l'autre côté du miroir. C'est moi qui, à présent, tend la main à des gens qui se sont longtemps oubliés. Par ailleurs, je réalise que je gagne ma vie très correctement toute seule et que je peux subvenir aux besoins de mes enfants. J'entends en écho les paroles d'Emmanuelle, mon amie de Paris, et je souris : elle a raison, je n'ai pas besoin de mon mari pour vivre. Face aux situations concrètes du quotidien, sans autre recours que celui de compter sur moi-même, j'apprends à dire ce que

191

j'aime et ce que je n'aime pas, à savoir ce que je veux et ce que je ne veux pas.

Malgré les tensions qui persistent avec Frédéric et les inquiétudes que je peux éprouver pour les enfants, je décide de ne pas me laisser abattre. Je reprends le sport, la course à pied me fait un bien fou. Mon corps m'appartient, il me parle et je l'écoute. C'est trois ans après mon départ d'Italie que je rencontre Antoine, un homme discret et sensible qui ne me laisse pas de marbre.

Au début, je garde mes distances. Nous habitons loin l'un de l'autre et nous passons des heures entières à nous parler au téléphone de toutes sortes de sujets. Assez rapidement, nous abordons nos histoires respectives. Je m'aperçois alors qu'Antoine sort également d'une relation douloureuse, dans laquelle il a beaucoup donné. Père de trois enfants, il semble dépenser une grande énergie à les rendre heureux, en dépit du divorce d'avec sa femme. Ne serions-nous pas un peu semblables, tous les deux ? ! Notre amitié se transforme en idylle et je n'ai pas peur de le dire : je l'aime. Il est si doux, si attentionné… Et il me donne à vivre ce que je n'avais jamais connu avec Frédéric : le respect mutuel.

Carole

Avec mes enfants, les relations sont encore difficiles. Je me suis tellement oubliée que remettre de l'espace dans ma vie est douloureux pour moi et pour eux. Malgré tout, grâce à ce que j'ai compris ces derniers temps, j'apprends à fixer mes limites.

Je commence par leur expliquer que j'ai besoin d'intimité et que, désormais, ils doivent investir la salle de bains du bas plutôt que la mienne. Ainsi, je peux dormir tranquillement dans ma chambre, sans être dérangée par les va-et-vient de mes enfants.

Concernant leurs études et leurs logements, je finance, cela me semble normal. En revanche, je cesse de tout payer pour leurs loisirs comme je le faisais avant, et j'invite mes enfants à demander aussi de l'argent à Jean – qui travaille désormais ! Quant à la nouvelle voiture, c'est la mienne ! J'explique à mes enfants qu'ils peuvent me l'emprunter, mais pas n'importe quand, et pas sans ma permission. Je m'aperçois alors que, dès lors que je me respecte, ils me respectent en retour et nos échanges s'en trouvent petit à petit pacifiés.

Parfois, il m'arrive de me dire que j'ai perdu du temps, que j'ai gâché ma jeunesse... Et puis je me raisonne : j'ai eu de la chance, celle de m'en sortir. D'avoir pris conscience de la situation, d'avoir eu le courage de vouloir y mettre un terme. Et surtout la chance d'avoir été très entourée, très soutenue. Tous mes amis ont été là pour moi. Il y a toujours eu sur mon chemin la bonne personne pour m'aider au bon moment, quelle que soit la situation. Encore maintenant je n'en reviens pas de la générosité et de la solidarité que mon entourage m'a témoignées. Et qu'aurais-je fait si, comme tant d'autres femmes en détresse, j'avais été dans la solitude la plus totale, sans que personne ne me tende la main ? Je n'aurais jamais pu réapprendre à vivre. À être libre. À me connaître. Et à être moi-même !

Amélie

Après notre séparation, je n'ai pas du tout envie de rencontrer d'autres hommes. Je suis trop occupée à me maintenir la tête hors de l'eau. Toutefois, peu à peu, je recommence à pouvoir sortir comme je l'entends. Je retrouve les plaisirs des soirées entre amis, des dîners en semaine, en toute liberté… Je m'inscris même à des cours de danse avec une de mes amies. Mon corps renaît, cela fait un bien fou de danser ! Je me rends compte que les hommes me regardent, et même si je ne me sens pas prête à m'engager dans une nouvelle relation, cela me flatte. Je me sens désirable à nouveau, femme, tout simplement.

Un peu plus d'un an après mon divorce, je rencontre Alex. Je le trouve très séduisant et, lorsqu'il m'invite à sortir, mon cœur se met à battre la chamade. C'est inattendu, je suis étonnée, je ne m'attendais pas à pouvoir éprouver ce genre d'émoi à nouveau. Je me sens à la fois transportée et stressée : suis-je vraiment prête ? Le jour du rendez-vous, je tente de maîtriser mes émotions tant bien que mal. J'ai même pris des doses généreuses de gouttes tranquillisantes homéopathiques. À la sortie du métro, je regarde l'envolée de marches qui mène vers la place ensoleillée et grouillante de monde. Mes jambes se dérobent. Je renonce à grimper l'escalier et me réfugie dans les toilettes sous prétexte de vérifier mes cheveux, mon maquillage, mais surtout pour calmer les battements de mon petit cœur affolé. Mais je ne peux pas rester là indéfiniment. Je m'arme de courage et grimpe l'escalier de sortie du métro. Il ne faut surtout pas que je me mette à regarder de gauche à droite comme une âme perdue. Sans doute est-il déjà là et m'observe avec amusement ? Sans un regard autour de moi, je trouve un emplacement sur une marche au pied de la statue, je me fonds dans la foule. Discrètement, je jette de petits coups d'œil autour de moi. Mon téléphone portable clignote et, soudain, je le vois : il est là, il me cherche. De nouveau, mon cœur s'emballe, je panique, je doute. Mais que suis-je en train de faire ? On ne s'est rencontrés que la semaine dernière, n'est-ce pas trop tôt ? Je devrais peut-être repartir discrètement et rentrer chez moi ? Mais Alex vient de me repérer et me fait un signe joyeux. La gorge sèche, je me lève, et le rejoins, chancelante.

Alex me propose une promenade dans la ville. Bientôt sa main se pose sur mon épaule, je me raidis instantanément mais ne le repousse pas. Peu après sa main se glisse autour de ma taille. Je suis figée comme un soldat, à l'inverse de mon esprit qui est en pleine ébullition. Je ne me sens pas prête, je croyais qu'on allait juste faire un peu mieux connaissance. Et voilà qu'il me prend la main ! Je retiens ma respiration. Que faire ? Mettre le holà ? Je me raisonne ; enfin quand même, il me tient la main, il n'y a pas de quoi en faire un plat. Et puis finalement, ce n'est pas si désagréable… C'est même très agréable d'ailleurs. En fait c'est formidable ! Je marche main dans la main avec cet homme qui me plaît tant. Quelle chance j'ai ! Un soupir d'aise m'échappe, mes épaules se relaxent, et nous sillonnons les rues, bras dessus bras dessous. Je ne marche pas, je vole au-dessus des trottoirs. Je suis comme grisée, j'écoute ses histoires drôles et mon rire fuse. Je ris tellement fort que je dois m'arrêter, pliée en deux. Mais lorsque Alex tente de me voler un baiser, je me rétracte. Cela va trop vite pour moi. Je le lui dis et il essaie de comprendre. En fait je crains de ne pas aimer l'embrasser, je sais que c'est le test ultime, que si ça ne me plaît pas, ce ne sera même pas la peine de le revoir. Ce sera fichu. Heureusement, quand il tente de nouveau sa chance un moment plus tard, je cède et découvre à mon grand soulagement que cela me plaît, cela me plaît même beaucoup. Je suis rassurée de pouvoir à nouveau éprouver des sentiments normaux, être amoureuse, être une femme à part entière.

Quelque temps plus tard, je me sens de plus en plus épanouie dans cette nouvelle relation et j'accepte avec joie de partir en vacances avec lui. De vraies vacances, enfin ! La plage, le soleil, le farniente ; aux côtés d'Alex je vis pour la première fois un réel moment de détente et de bonheur complice. Fini la planche à voile chronophage, je peux enfin lire mon roman tranquille !

Il va me falloir du temps pour me sentir totalement confiante auprès d'un homme, je le sens bien. Malgré tout j'ai retrouvé ce qui était le plus cher à mon cœur, ce dont, désormais, je ne souhaite plus me départir : mon indépendance, mon identité, mes ailes. Parce que j'ai envie de faire ce que m'avait imploré une de mes filles : « Vole, maman, vole ! Si toi tu voles, nous aussi on pourra voler ! »

Mathilde

Me déconditionner a été long. J'ai mis du temps à retrouver les crèmes de soin qui me faisaient envie jadis, du temps à choisir dans les supermarchés, à prendre les aliments que je souhaitais pour mes enfants et moi. Aujourd'hui, heureusement, je passe mon chemin sans sourciller lorsque je vois un pot de confiture de figues posé sur les rayons. Frédéric n'est plus là : je peux manger tous les chocolats dont j'ai envie, sans craindre que quelqu'un les compte. Et mes enfants peuvent choisir leurs céréales, leurs gâteaux… Nous pouvons tous les trois décider de goûter ce qui nous fait envie.

Comme le dit Antoine, c'est un plaisir de manger du céleri rémoulade à même la boîte, sans se demander si le ciel ne va pas encore nous tomber sur la tête ! Ou bien encore de ranger les pots de yaourts avec leur emballage carton dans le frigo sans s'entendre dire : « Encore une fois tu as laissé l'emballage… C'est toujours moi qui l'enlève ! » À présent je décide, je fais mes propres choix. Je me suis installée une année entière dans la région où vivent Antoine et ses enfants, et nous avons essayé de cohabiter tous ensemble. C'était un peu tôt pour la famille recomposée, j'ai fini par revenir dans ma région d'origine avec mes enfants, où j'ai retrouvé mon précédent emploi.

En dépit de la distance, Antoine et moi nous sommes pacsés, dans l'idée d'une réelle démarche d'engagement pour l'un et l'autre. Nous nous aimons et nous réorganisons notre vie du mieux que nous pouvons pour nous voir le plus souvent possible (chaque week-end et pendant nos vacances). Avec Antoine, je retrouve le goût des voyages et je peux enfin les vivre comme dans mes rêves. Nous ne planifions rien. Adeptes des départs de dernière minute, nous partons au pied levé et allons là où le vent nous porte. Nous avons décidé de partir faire de la randonnée une semaine en Suisse à l'aventure, sac au dos, mais la veille du départ, alors que le coffre est chargé, nous voyons une super offre sur Internet pour partir en Crète. Qu'à cela ne tienne : nous partons en Crète, laissant la voiture à l'aéroport avec les affaires de camping dans le coffre ! Après tout, qui cela gêne-t-il ? Week-ends gastronomiques et escapades à deux, nuit à la belle étoile… La vie aux côtés de cet homme est douce, fantasque, comme je me l'étais figurée.

J'ai retrouvé une autonomie, une vie sociale et affective, j'ai retrouvé mon prénom. J'aime quand Antoine le prononce. Enfin je me sens vivre dans le regard d'un homme et non seulement dans celui de mes enfants. Je l'aime tout simplement : je suis profondément amoureuse… Je l'aime et il m'aime. Nous aimons être ensemble, tout simplement.

Envoyer les enfants en Italie voir leur père pose toujours des problèmes. La douleur au bas des lombaires revient dans ces moments, elle qui était pourtant partie lorsque j'avais quitté Frédéric. Car avec lui, jamais rien ne sera simple. En grandissant, je constate tout de même que les enfants arrivent à trouver leur place auprès de lui. Ma fille, grâce aux pédopsychiatres qu'elle a vus, parvient à profiter de ce que son père peut lui donner. Elle compose, elle sait désormais comment formuler ses demandes et comment éviter ses colères.

Moi, en revanche, je n'existe plus pour mon ex-mari. « Votre mère est morte », c'est ce qu'il leur a dit. J'ai de la peine pour mes enfants, et en même temps, je ne me vois pas les priver de leur père. Ils n'en ont qu'un, après tout, et il sait leur apporter des richesses au-delà de son extrême rigidité. J'ai aussi été grandement lésée dans le divorce, en partant, j'ai perdu tout ce que j'avais en Italie. Mais cela n'est pas grave, qu'importe pour moi le prix à payer.

J'ai payé cher, mais j'ai retrouvé ma liberté, qui vaut plus que tout au monde.

Sommaire

www.ingramcontent.com/pod-product-compliance
Lightning Source LLC
Chambersburg PA
CBHW070303290326
41930CB00040B/1895